VISIONS

VISIONS

Ulrich Schaffer

Gedanken für eine neue Welt • Reflections for a new world

EDITION
Schaffer

Die Deutsche Bibliothek – CIP Einheitsaufnahme
Ein Titeldatensatz für diese Publikation ist bei
Der Deutschen Bibliothek erhältlich.

Alle deutschsprachigen Rechte	© 2000 Kreuz Verlag GmbH & Co. KG, Stuttgart	All German language rights
Texte, Fotografien, Umschlaggestaltung	Ulrich Schaffer	Texts, Photographs, Cover design
Konzept, Layout und Design	Ulrich Schaffer	Concept, Layout and Design
Autorenfoto	Friedrich Peter	Author´s Photograph

ISBN 3-7831-1839-5

Die heilige Erde

Als wir vor einigen Jahren begannen unser neues Haus am Meer zu entwerfen – es sollte auf einem Felsen mit dem Blick über das Meer stehen –, bot es sich an, einige Bäume zu fällen, um für das Haus Platz zu machen und das Bauen zu erleichtern. Aber es war uns wichtig, die Bäume zu erhalten. Wir zeichneten so lange, bis wir nur einen Baum fällen mussten. Das Haus hat achtzehn Ecken, aber wir sehen aus allen Fenstern Bäume und den Pazifik dahinter. Wir sind eingebettet in die natürliche Landschaft.

Die Welt ist ein spiritueller Ort. Die Bäume, die Steine, die Felswände, die Wälder, die Tiere, die Bäche und Blumen sind Hinweise auf den großen Zusammenhang, in dem wir stehen. Wir sind nicht allein. Die Landschaft ist heilig. Ich habe das oft gespürt, wenn ich sie durchstreift habe. Wir brauchen ihre Heiligkeit, ihre tragende Kraft, ihre Zeitlosigkeit, auch wenn sie Jahreszeiten kennt und uns erinnert, dass alles seine Zeit hat. Wir sind aus ihr hervorgegangen, wir sind Teil von ihr, wir tragen sie in uns, ihr Schicksal ist unser Schicksal. Wir sind unzertrennlich mit ihr verbunden, auch wenn wir es oft nicht mehr merken. Ich möchte umgeben sein von Natur, und wenn das nicht möglich ist, möchte ich die Natur lebendig in mir tragen, als eine innere Landschaft, von der ich zehren kann.

Mit viel Freude lege ich diesen neuen Bildband vor. Schon vor fast zehn Jahren hatte ich die ersten Ideen zu diesem Buch, und langsam hat es in mir Gestalt gewonnen. Den Titel wusste ich schon vor Jahren. Ich schätze mich glücklich, die Landschaften gesehen zu haben, die auf diesen Fotografien abgebildet sind. Sie haben mein Leben reich gemacht. Von ihnen habe ich gelernt, dass wir Natur und Wildnis brauchen, um gesund zu bleiben. Ich wünsche mir, dass die Bilder und Texte mithelfen, eine Art Renaissance unserer Liebe zur Mitwelt zu fördern. Diese Welt ist unsere Heimat.

Ein besonderer Dank geht an Jack Dykinga, Fotograf aus Tucson, Arizona. Einige der Bilder in diesem Band sind entstanden, als wir zusammen unterwegs waren – in den Wüsten in Mexiko, in den Canyons des Escalante in Utah, in der „Mitte der Welt" der Paria Wilderness/Vermilion Cliffs-Gegend. Uns verbindet eine ähnliche Verrücktheit: morgens vor Sonnenaufgang schon unterwegs zu sein, um das erste Licht zu erleben, und abends auch noch das letzte Licht mit unseren Kameras zu feiern. Danke, Jack, für deine Begeisterung und deine Freude an einem guten Bild, das mehr ist als nur ein Bild.

Ich danke auch Waltraud, meiner Partnerin seit fünfunddreißig Jahren, und meinen Freunden, für ihre Geduld, wenn ich mich auf gemeinsamen Reisen gelegentlich absondere, um zu fotografieren.

Ich hoffe, dass die Vision, die ich in mir trage, in diesen Bildern und Texten spürbar wird. Lasst uns sie schützen und zu einer Wirklichkeit machen. Die Welt ist das wert. Wir sind es wert.

The sacred Earth

When a few years ago we started to design our new house, which was to sit on a cliff overlooking the ocean, it made sense to cut down some tree to make room for the house and to make the building process easier. But it was important to us, to keep the trees. We redrew the plans for the house until we only had to cut down one tree. The house has eighteen corners, but through all the windows we see out onto trees and to the Pacific behind them. We are embedded in the natural land scape.

The world is a spiritual place. The trees, the stones, the rock faces, the forests, the animals, the creeks and flowers point to the great connectedness in which we exist. We are not alone. The landscape is holy. I have often sensed that, when roaming through it. We need the sacredness of the landscape, its energy, that carries us along, its timelessness, even though it knows seasons and reminds us that everything has its time. We have come from nature, we are a part of it, we carry it in us, its destiny is our destiny. We are inseperably connected to it, even if we are not aware of it. I would like to be surrounded by nature, and if this is not possible, then I would like to carry nature inside of me, like an inner landscape, that nourishes me.

With much joy I present this new collection of photographs. Almost ten years ago I started thinking about doing a book like this and slowly it took shape. The title was chosen years ago. I consider myself very fortunate to have seen the landscapes on these photographs. They have enriched my life. From them I learned that we need nature and wilderness, to remain healthy. I hope that these images and texts can help to bring about a kind of renaissance of our love for the world around us. This world is our home.

A special thanks to Jack Dykinga, photographer from Tucson, Arizona. Some of the images in this book were shot when we travelled together – in the deserts in Mexico, in the canyons of the Escalante in Utah, in the "center of the world" in the Paria Wilderness/Vermilion Cliffs are. We are connected by a similar craziness: to be up before sunrise, in order to experience first light and to celebrate the last light in the evening with our cameras. Thanks Jack, for your enthusiasm and your joy over a good picture, which is more a than just a picture.

Thanks also to Waltraud, my partner of thirty-five years and to my friends for their patience when, on our trips together, I occasionally disappear to photograph.

I hope that this vision, which I carry inside of me, comes across in these images and texts. Let us protect it and make it a reality. The world is worth it. We are worth it.

Ulrich Schaffer

Gibsons, British Columbia
Mai 2000 May

Unmittelbar vor uns und in uns
– nicht an fernen Orten
und nicht in einer anderen Zeit –
liegt eine neue Welt, die erreichbar ist.
Aufmerksamkeit entdeckt sie,
Hoffnung führt sie herbei,
Liebe gibt ihr Gestalt.

Wir brauchen Augen, die Wunder sehen können,
ein Herz, das an Verwandlung glaubt,
und den entschiedenen Glauben,
dass Leben der Plan für diesen Planeten ist,
nicht Tod.

Der Weg dorthin
beginnt in deinem und meinem Leben.
Es ist Zeit, ihn zu wagen.

Right in front of us and in us,
– not in a place far away
and not in a different time –
lies a new world, that is attainable.
Attentiveness makes it visible,
hope brings it about,
love gives it shape.

We need eyes that can see miracles,
a heart, that believes in transformation
and the determined faith,
that life is the plan for this planet,
not death.

The path to this world
begins in your life and in mine.
It is time to dare to take it.

Alle Grenzen entstehen im Herzen — All boundaries originate in the heart

Alle Grenzen entstehen im Herzen.   All boundaries originate in the heart.
Alle Linien auf Landkarten   All lines drawn on maps
wurden zuerst in Herzen gezogen.   are first drawn in the heart.
Tief in uns geschehen die Trennungen.   Separations occur deep inside of us.
Wo ziehen wir beide die Linie?   Where do you and I draw the line?

Die Linie macht uns zu Fremden.   The line makes strangers of us.
So urteilen, trennen und sondern wir ab.   That is how we judge, separate, segregate.
So entfremden und isolieren wir uns und werden einsam.   That is how we grow apart, become isolated and lonely.
Nichts tötet so wie die Linie durchs Herz.   Nothing kills like the line through our heart.
Zuerst sterben die anderen, aber am Ende auch wir.   At first the others die, but eventually so will we.
Verachtung, Abscheu und Hass sind teuer.   Disdain, disgust and hatred are expensive.

Die neue Welt fordert von uns,   The new world requires of us
dass wir unsere Herzen glätten,   that we smooth out our hearts,
damit sie durchquert werden können,   so that they can be crossed
wie endlose Weizenfelder der Nahrung ohne Zäune,   like rolling wheatfields of nourishment without fences,
dass wir unseren Geist verwandeln   that we transform our minds
in eine Wiese, auf der sich alle versammeln können,   into meadows on which everyone can gather
um einander zu feiern,   to celebrate everyone else,
dass wir selbst Gärten voller Überfluss für die Hungrigen werden,   that we ourselves become gardens of plenty for the hungry,
Feste der Freude für die Niedergeschlagenen   festivals of joy for the downtrodden,
und eine Zuflucht für die Hilfsbedürftigen.   and a refuge for those in need.

Weigere dich, kleinlich zu werden,   Refuse to become smallminded,
mache dein Herz nicht zu einem Abgrund des Misstrauens,   object to turning your heart into a pit of distrust,
lass dich nicht zählen, wenn die Zerstörer wieder einmal aufrechnen,   refuse to be counted when once again the destroyers seek
wen sie auf ihrer Seite haben.   whom they can count on their side.
Es ist Zeit,   It is time
die Welt wie vom Weltraum zu sehen, ohne Grenzen,   to see the world as if from space, without boundaries,
weil die Zeit der Reiche und des Herrschens vorbei ist.   because the time of empires and dominions is past.
Es ist Zeit für das internationale Abenteuer der Liebe.   It is time for the international adventure of love.

Die Welt bittet uns nicht / The world is not asking us

Die Welt bittet uns nicht,
den Planeten weiter zu bevölkern.
Das haben wir getan,
vielleicht haben wir es zu gut getan.
Das ist nicht das Ziel, das wir anstreben sollen.
Der Held ist auf eine andere Reise gerufen worden.
Wir begeben uns auf die nächste Stufe,
wir gehen über das hinaus, was wir gemeistert haben,
wir werden unsere Energien einsetzen,
um eine Stufe auf der Leiter weiter zu klettern
und einen neuen Raum des Himmels zu betreten.

Wir sind gerufen,
auf einer geistlichen Ebene wiedergeboren zu werden,
und dem in uns eine Stimme zu geben,
was verloren, hilflos und schwach war.
Was wir getan haben, war nicht falsch, es war notwendig –
wir haben betont, wer wir waren, in Fleisch und Blut.
Wir waren Larve, Puppe und bunter Schmetterling,
als wir die Stadien durchliefen, die nötig waren.
Wir durften auch nicht nur eines auslassen.

Aber jetzt ist es Zeit, wiedergeboren zu werden
zu einem Leben der Wiedergeburt,
zu einer Spirale von Erleuchtungen.
Es gibt Welten zu entdecken, nicht zu besiegen,
es gibt Einsichten, die reif zum Pflücken
am Baum der Erkenntnis hängen.
Es gibt Träume zu träumen,
Visionen zu sehen
und Wunder zu hören.

Es gibt keine weißen Stellen mehr
auf der Landkarte der Welt.
Das einzige fremde Land
liegt in der Seele eines jeden von uns
und in dem Abstand zwischen dir und mir.
Wirst du mich suchen gehen
und mir erlauben, dich zu finden?

The world is not asking us
to populate the planet any longer.
We have done that,
perhaps we have done it too well.
That is not the task to which we must continue to aspire.
The hero has been called to another journey.
We are entering the next level,
we are ready to transcend that which we have mastered
and to direct our energies
to climbing another rung on the ladder,
to discover another room of heaven.

We have been called
to be reborn on a spiritual plane,
to give voice to that in us,
which was lost, helpless and weak.
What we did was not wrong, it was necesssary –
we claimed who we were in our flesh and blood.
We were larva, pupa and bright butterfly,
as we passed through the stages that we neeeded to pass through.
We could not skip even one of them.

But now it is time to be reborn
to a life of rebirth,
to a spiral of enlightenment.
There are worlds that we can discover, not conquer,
there are insights ripe to be picked
from the tree of knowledge.
There are dreams to be dreamt,
visions to be seen
and miracles to be heard.

There are no more white spots
on our maps of the world.
The only foreign country
lies in the precincts of each of our souls
and in the distance between you and me.
Will you set out to find me
and will you allow me to find you?

Den einen Satz   That one sentence

Wenn du den einen Satz   If you would say
anders betonen würdest   that one sentence differently
und plötzlich meinen, was du sagst,   and suddenly mean what you say,
du müsstest dein ganzes Leben ändern.   you would have to change your entire life.

Das ist der Anfang des Sterbens,   That is the beginning of dying,
des Lebens.   of living.
Oft sind die beiden   Often we can´t tell
nicht auseinander zu halten.   the two apart.

Wunder / Miracles

Wenn wir bewusst leben,	To those who live consciously
werden Wunder sichtbar und fassbar sein.	miracles are visible and inevitable.
Geheimnisvoll ist die Struktur der Welt.	The structure of the world itself is miraculous.
Wir sind umgeben von Unerklärlichem	We are walking through miracles all the time
und sind selbst Wunder.	and are miracles ourselves.
Auch nur einen von uns zu zerstören ist ein Sakrileg.	To destroy even one of us, is a sacrilege.

Wir haben soviel darauf verwandt,	We have spent so much time and energy
realistisch und geerdet zu sein,	to be realistic, to stay grounded,
unsere Begeisterung zu zügeln und unsere Träume zu vergessen,	to curb our ecstasy and to forget our dreams,
dass wir dabei den Sinn für das Wunderbare verloren haben,	that we have lost the sense of the miraculous
das in jede Faser der Welt hineingewebt worden ist,	woven into the the fabric of the world
auf jede vorstellbare und unvorstellbare Art.	in every conceivable and inconceivable way.

Wir gehen auf Zeiten zu,	We are heading into a time
in denen unsere Augen mehr und mehr geöffnet werden,	when our eyes will be opened more and more
und wir werden nicht nur mit unserer Horn- und Netzhaut sehen,	and we will see not only with our lens and retina,
sondern mit unserem Herzen, dem einzigen Organ,	but with our heart, the only organ
das die Welt so sieht, wie sie ist, unverzerrt.	that sees the whole picture undistorted.

Dann wird das Unmögliche alltäglich sein,	Then the impossible will be common
Wunder werden aus unserer Liebe hervorgehen,	the miraculous will be an extension of our love
und wir werden unserer Hoffnung und unserem Glauben mehr trauen	and we will trust our hope and faith more
als den Schlagzeilen, erfüllt von Katastrophen und Unglück.	than the headlines, full of catastrophe und disaster.
Wohlwollend werden wir über das lachen,	We will laugh benevolently at our former sense
was wir früher als vernünftig ansahen.	of what is reasonable,
Wir werden ins Licht gehen,	we will move into a brightness
und tiefer und umfassender als je zuvor	that will make us visible to each other
sichtbar füreinander werden.	more profoundly and deeply than ever before.

Und so wie die Welt ein Geheimnis ist,	And like the world is a mystery,
so sind Gedanken Energie,	so thoughts are energy,
Glauben ist Sehen,	believing is seeing
und Ahnen ist Wissen.	and sensing is knowing.

Imperative / Imperatives

Finde einen heiligen Ort für deine Müdigkeit.	Find a sacred place for your weariness.
Suche eine Atmosphäre, in der du wachsen kannst.	Search for an atmosphere in which you can grow.
Entdecke, dass Zerbrechlichkeit Stärke ist und Verletzbarkeit Nähe schafft.	Discover that fragility is strength and that vulnerability creates closeness.
Baue an deiner inneren Stärke, die die äußere Welt tragen wird.	Build an inner strength, that will hold up the outer world.
Stelle fest, wo die Mitte deines Lebens ist, und lasse ihren Wert dein Leben durchsetzen.	Locate the center of your life and let its values permeate your being.
Lass alles los, was du nicht bist. Umarme, was du bist.	Let go of all that you aren´t. Embrace what you are.
Betrachte die Welt mit Vorsicht, liebe sie mit Leidenschaft.	View the world with care, love it with passion.
Wachse wie Unkraut, stehe wie ein Baum.	Grow like a weed, stand like a tree.
Sei du.	Be you.

Die Börse wird uns nicht retten

Die Börse wird uns nicht retten.
Geld können wir nicht essen.
Politische Macht wird uns am Ende nicht retten.
Wir finden keinen anhaltenden Trost in Macht.
Waffen werden uns nicht retten.
Der Tod kommt aus einer unerwarteten Ecke.
Der Fortschritt wird uns nicht retten.
Dinge sind keine Nahrung für die Seele.
Mehr Wissen wird uns nicht retten.
Ohne Liebe und Verantwortung ist es eine tödliche Waffe.
Wirtschaftliche Überlegenheit wird uns nicht retten.
Wir können Geld immer noch nicht essen.

Ganz Mensch zu werden, herrlich lebendig zu sein
wird unser Leben lebenswert machen.
Vielleicht kommt bald die Zeit,
da wir uns auf unsere Einmaligkeit besinnen
und nicht leben, um zu passen
und nur ein Rädchen im Getriebe
der Maschinerie der Welt zu sein.

Ich ahne, dass nichts wichtiger ist
als meinen Beitrag zum Mosaik zu leisten,
meinen Teil des Bildes fertig zu stellen,
meine Gedanken hinzuzufügen,
so begrenzt sie auch sein mögen,
beizutragen zu dem tiefen Vorrat an Einsicht,
zu dem Schatz, was es heißt, Mensch zu sein.

The stock market will not save us

The stock market will not save us.
We can not eat money.
Political power will in the end not save us.
We can not find lasting solace in power.
Weapons will not save us.
Death comes from unexpected corners.
Progress will not save us.
Things are not nourishment for the soul.
More knowledge will not save us.
Without love and responsibility it is a deadly weapon.
Economic superiority will not save us.
We still can´t eat money.

To become fully human, gloriously alive,
will give us a life worth living.
Perhaps the time will come soon,
when we can concentrate on being unique
and not live to please and to fit,
and to be much more than a cog in the wheel
of the machinery of the world.

I sense that nothing is more important
than to be aware of my contribution to the mosaic,
to complete my part of the picture,
to add my thoughts,
as limited as they are,
to the deep pool of awareness,
to the treasure of what it means to be human.

Hintergrund

Wir enthalten das, was uns enthält.
Wir sind nicht allein,
nicht in der fassbaren und nicht in der unfassbaren Welt.
Wir sind Teil des Größeren, des Tieferen, des Höheren.
Hinter allem, was wir denken können,
gibt es noch einen Hintergrund, der Grund unseres Seins,
auf dem alles zusammengesetzt
und in dem alles aufgehoben ist.
Auf ihm bewegen wir uns und wachsen,
in ihm träumen, leiden, feiern und sterben wir.

Es hat keinen Namen,
keine Beschreibung wird ihm gerecht.
Es ist Ausdruck unserer Sehnsucht,
Licht unserer Erleuchtung
und immer wieder geheimnisvolle Sprache.
Sogar unsere Angst haben wir darauf geworfen.
Es ist in jede unserer Zellen hineingewebt,
es ist Faser und Fiber, die nie zerreißt.
Es ist die Decke für unsere frierende Seele
und die höchste Spitze, die unser Geist anstrebt.

Wir enthalten es,
so wie wir in ihm enthalten sind.
Sieh in den Spiegel: Sieh durch die Pupille hindurch
in den Ursprung des Lichts in deinen Augen.
Du bist sein Geheimnis.

Background

We contain what contains us.
We are not alone,
not in the tangible nor in the intangible world.
We are part of the larger, the deeper and higher.
Behind all that we can think,
there is a background, the ground of our being,
of which everything has beeen assembled,
and in which everything is kept.
In it we move and grow,
we dream, suffer and rejoice.

It has no name
and no definition does it justice.
It is the expression of our yearning,
light for our enlightenment
and over and over again it is mysterious language.
We have even thrown our fear onto it.
It is woven into each of our cells,
it is the fabric and fiber that never tears.
It is the covering for our shivering soul
and the pinnacle to which our spirit aspires.

We contain it,
like we are contained in it.
Look into the mirror: See right through the pupil,
into the origin of the light in your eyes.
You are its mystery.

Wenn Steine sprechen

Wenn wir die Sprache der Steine nicht verstehen,
das quarzige Steinisch oder das eintönige Lapidarisch,
werden sie sich nach uns umwenden,
blauadrig und grünäugig in Bachbetten,
glattseitig, schwarz und glänzend am Meeresufer,
und uns mit Lichtsplittern und seidiger Haut lehren,
dass Sprache ein willkürlicher Begriff ist
für die Stimmen der Welt,
und dass das Wunder im Herzen liegt,
weit hinter den Lippen,
ganz gleich, welche Form sie auch angenommen haben.

Es gibt nichts, was nicht spricht,
für die, die lauschen.
Das Herz brennt an jeder Wendung,
die Augen gehen über im Überfluss.

Was ist deine Sprache?
Sprichst du das Zittern des Lebens
oder das gezackte Reißen des Todes?

When stones speak

If we don´t understand the language of rocks,
their quartzy Stonish or their monotone Lapidarish,
they will turn around for us,
blue-veined and green-eyed in creekbeds,
flat-edged, black and glistening on ocean shores
and teach us with slivers of light and silken skins
that language is an arbitrary term
for the voices of the world,
and that the wonder lies in the heart
far behind the lips,
whatever shape they might have taken.

There is nothing that does not talk
to those who listen.
The heart burns at every turn,
the eyes overflow in the abundance.

What is your language?
Do you speak the quiver of life
or the jagged tear of death?

Ewiges Leben / Eternal life

Vielleicht würde es uns genügen,	Perhaps it might be enough
wenn wir einen Tag,	if we could be totally present
vielleicht sogar nur eine Stunde,	for one day,
so gegenwärtig sein könnten,	perhaps for only one hour,
so umfassend wach,	so utterly awake
so in den Dingen,	and a part of the things
die uns bewegen, die wir lieben,	that move us, that we love,
die wir bewegen,	that we move,
so zu Hause in der Welt	so at home in the world,
mit ihren Erscheinungen,	with its manifestations,
dass wir unseren Wunsch nach ewigem Leben	that we could let go
loslassen könnten,	of our wish for eternal life,
um in dem Augenblick festzustellen,	only to discover at that moment,
dass dieser Tag,	that this day,
diese Stunde	this hour
ewiges Leben ist.	is eternal life.

Dir zu begegnen

Wie erhebend, dich zu entdecken,
deinen Mut zu spüren,
deine Gewissheit, dass du wertvoll bist,
zu fühlen, dass du getragen bist von einer Kraft,
die du nicht benennst,
die aber dein Wesen ehrt.
Wie ermutigend, dir zu begegnen,
Worte mir dir zu wechseln,
die eine Tiefe haben,
in der die ganze Welt Platz hat.

Meeting you

How uplifting to discover you,
to sense your courage,
your certainty that you are valuable,
and to feel that you are carried by a power,
that you do not name,
but which honors your being.
How encouraging to meet you,
to exchange words with you,
that have a depth
in which there is room for the whole world.

Innen

In jedem Glauben
gibt es einen anderen,
der auf keinem Glaubensbekenntnis besteht
und keinen Satz fertiger Erklärungen für alles hat.

In jedem Ritual
gibt es den stillen Punkt,
zu dem jedes Ritual zurückkehrt,
um seine Bedeutung zu erfahren.

In jeder Kirche
gibt es eine andere
ohne Gebäude, Komitees und Mitgliederlisten.

In jedem blumigen Gott,
der mit der weißen Stimme des Verstandes redet,
ist ein wortloser Gott,
der in dunklen Silben der Heilung
zum einzelnen Herzen spricht.

Da sind wir alle miteinander verbunden,
da wird deine Hand mein Auge
und mein Gedanke wird deine Tat.
Hier zieht Gott frei umher,
von nichts gefesselt und festgelegt,
und spricht in den sechs Milliarden Stimmen,
die er von uns gelernt hat,
so wie wir sie von ihm gelernt haben.

Das ist,
wo die ausgestreckte Hand
ist.

Inside

Inside each faith
is another
that does not insist on a creed
and a set of complete explanations.

Inside of every ritual
there is a still point
to which every ritual returns
for its meaning.

Inside each church
there is another
without buildings, committees and membership lists.

Inside of each florid god
speaking in the white voice of the mind,
is a wordless god
speaking to the singular heart
in dark syllables of healing.

That is where we are all connected,
where your hand becomes my eye
and my thought becomes your action.
Here god roams freely,
not bound or tied down,
speaking in the six billion voices
that he has learned from us,
like we have learned them from him.

That is where
the outstretched hand
is.

Unser Universum

Seit es das Hubble-Teleskop gibt,
wissen wir recht genau,
wie unvorstellbar größer, als wir dachten,
das Universum ist.
Es ist gut, darüber zu lächeln,
über seine Größe und unsere Vorstellungskraft.
In unserer Milchstraße
gibt es vierhundert Milliarden Sonnen,
das sind ungefähr siebzig Sonnensysteme
für einen jeden von uns.

Seit Hubble wissen wir,
dass es achtzig Milliarden Galaxien gibt,
also für einen jeden von uns fast vierzehn,
mit jeweils vielleicht vierhundert Milliarden Sonnen.
Sechstausend Milliarden Sonnen für dich
und noch einmal so viele für mich,
aber andere und unvorstellbar weit von deinen entfernt.
Die Zahlen können auch um fünfzig Prozent falsch sein.
Wir verlieren dann
dreitausend Milliarden Sonnensysteme
pro Bewohner der Erde,
ein Verlust, den wir verschmerzen können.

Von Planeten haben wir noch nicht geredet,
auch nicht von den Monden dieser Planeten
und von dem Leben, das es vielleicht
auf diesen Planeten und Monden geben könnte.
Wenn nur jede millionste Sonne
einen einzigen bewohnbaren Planeten hätte,
gäbe es für einen jeden von uns
dreihunderttausend Welten zu entdecken,
das wären zehn Welten an jedem Tag unseres Lebens
für dich und für mich.
Und nie würden wir dieselbe Welt zweimal besuchen,
und ich würde nicht deine und du nicht meine Welten besuchen.

Es herrscht eine große Stille da draußen,
zwischen den roten Riesen, den weißen Zwergen,
den Nebeln und schwarzen Löchern,
die zu der Stille in mir passt.

Our Universe

Since we have had the Hubble Telescope
we know more accurately
how unimaginably larger the universe is
than we thought.
It is good to smile about it,
about its size and the small power of our imagination.
In our galaxy
there are four hundred billion suns,
that means roughly seventy solar systems
for each one of us.

Since Hubble we know
that there are eighty billion galaxies,
almost fourteeen for each one of us,
with approximately four hundred billion suns in each.
Six thousand billion suns for you
and the same number again for me,
but others and inconceivably distant from yours.
The figures could be wrong by fifty percent.
We would then lose
three thousand billion solar systems
per person on this earth,
a loss we could take.

We have not talked of planets yet
and not of the moons of these planets,
and of the life that might exist
on these planets and moons.
If only every millionth sun
had a habitable planet,
that would mean that for each one of us
there would be three hundred thousand worlds to discover.
That would be ten worlds for each day of our lives,
for you and for me.
And we would never visit the same world twice,
nor would you visit my world, nor I yours.

There is a great silence out there,
between the red giants and the white dwarfs,
between the nebula and the black holes,
a silence that goes well with the silence in me.

Lebendig

Es kommt eine Zukunft,
da werden nicht nur einige, sondern fast alle erkennen,
dass der innere Mensch, der lange vernachlässigt wurde,
einen großen Wert hat und gepflegt werden muss.

Unterm Strich wird es nicht um Finanzen gehen,
sondern um die Gesundheit der Seele.
Profit wird hinter der Entwicklung der Persönlichkeit zweitrangig sein,
und Sicherheit wird an guten Beziehungen gemessen werden
und nicht an der Höhe der Pension.

Lasst uns das hoch schätzen, wo Leben stattfindet,
und uns füreinander öffnen
und für die Entfaltung dessen, was möglich ist,
für die Gesundung im Körper, in der Seele und im Geist,
für die Ausdehnung Gottes in unserem Leben.

Es gibt keinen Ersatz für wirkliche Lebendigkeit.
Lasst uns die Angebote ablehnen,
bei denen von uns erwartet wird, das abzulegen,
was wir tief in uns als richtig erkannt haben.

Dies ist unser Leben,
das einzige, das wir zu steuern und zu führen haben.

Alive

A future is coming,
when not only a few, but most will realize
the value of caring for the inner being,
that has been neglected for too long.

There the bottom line will not be financial
but the health of the soul.
Profits will take the backseat to personal growth
and security will be measured in meaningful relationships
and not in retirement income.

Let us put our value where life takes place
and open up to each other,
to the unfolding of what might be possible,
to the spread of healing in body, soul, and spirit,
to the miracle of the expansion of god in our life.

There is no substitute for being truly alive.
Let us reject the offers
that expect us to relinquish
what we have known to be true, deep inside.

This is our life,
the only one we have to steer and guide.

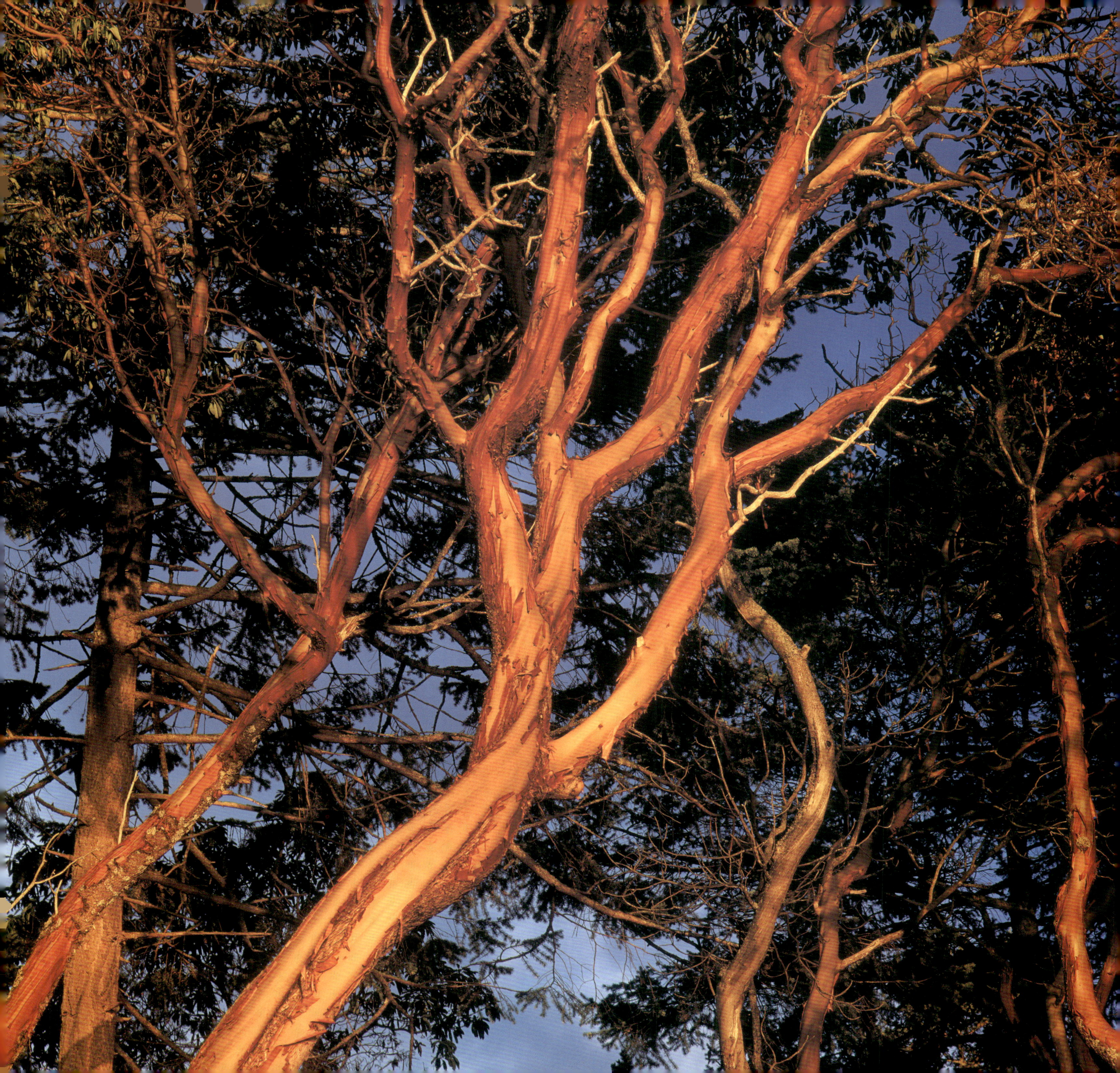

Die Wildheit der Suche

In der Dunkelheit nehme ich dich
voller in mir auf als in der Klarheit,
in der alles vereinzelt erscheint.
Ich verlasse die Vordergründigkeit des Verstehens.
Ich lasse die Lehren
wie trockenes Blutpulver
aus meinen Adern fließen.
Ich lebe ohne die Mathematik
des immer neu verbesserten Wissens.

Ich öffne mich
der Wildheit meiner inneren Bilder
und der Leidenschaft meiner Suche.
Wenn es dich gibt, dann ist in dir Platz für alles.
Wie ein ungebrochener Mustang fliege ich
über die vergessliche Prärie
und finde unauslöschliche Freiheit.
Ich lasse die Löwen in mir nach der Wahrheit suchen.
Ich überschlage mich in meinen Gedanken
und schränke mein Denken heute nicht ein.
Dein geladenes Schweigen energetisiert meine Sprache,
und in der Dichte der Welt verstehe ich mehr,
als mein Kopf fassen kann.
Vom Scheitel bis zur Sohle gesunde ich
am Übertreten toter Gesetze.

The wildness of the search

In the darkness I sense you more
than in the clarity
in which all things are separate.
I leave the superficiality of my understanding.
I let the teachings
flow like dry blood powder
out of my veins.
I decide to live without the mathematics
of the ever new and improved knowledge.

I open myself
to the wildness of my inner pictures
and to the passion of my search.
If you exist, then there is room in you for everything.
Like an unbroken mustang
I fly across the unforgettable prairie
and find inextinguishable freedom.
I let the lions in me search for the truth.
I somersault through my thoughts
and do not impose limits on my thinking today.
Your loaded silence energizes my speech
and in the density of the world I understand more
than my head can hold.
I am healed from head to toe
by transgressing dead laws.

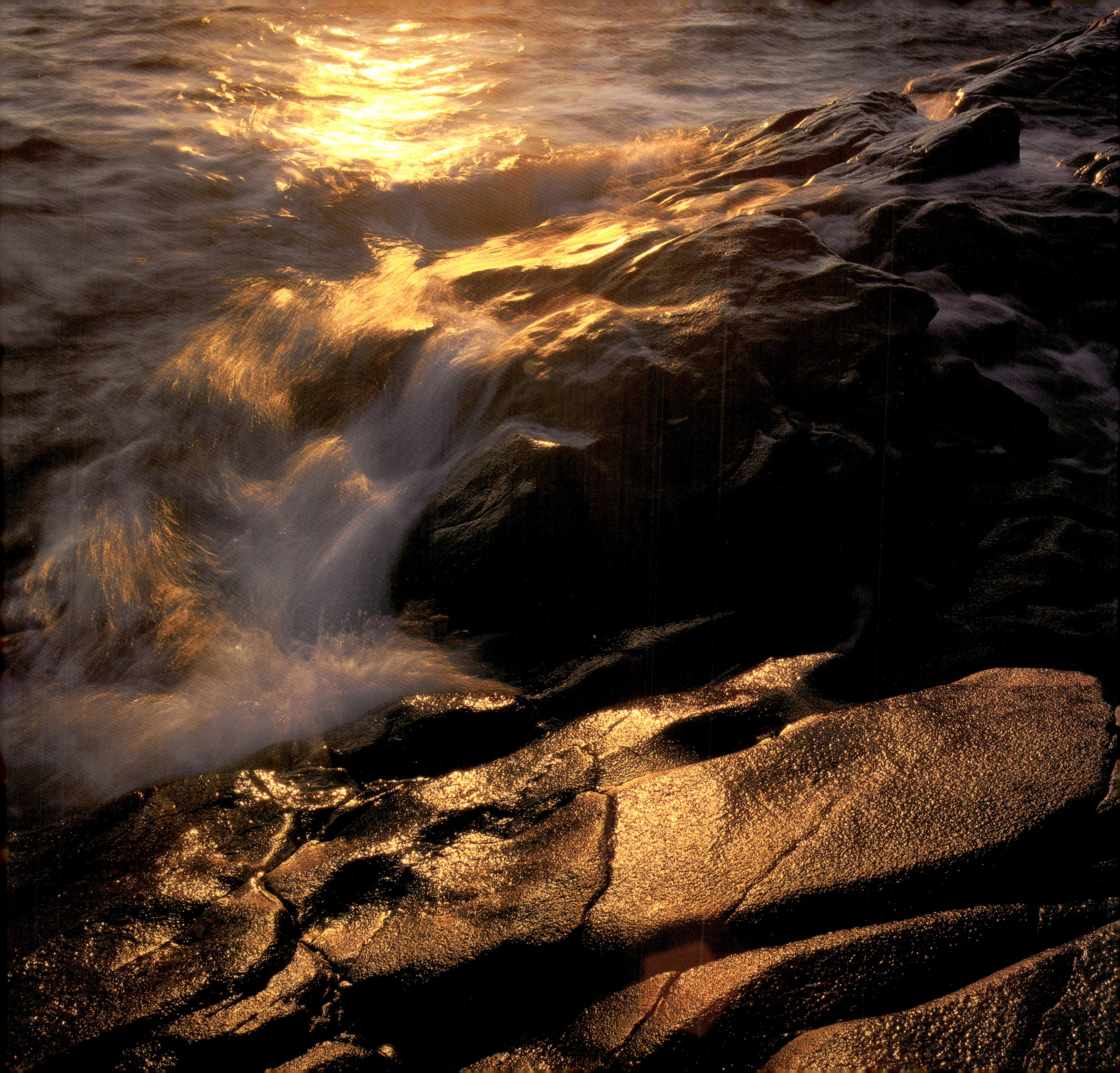

Stell dir vor / Imagine

Stell dir eine Liebe vor,
durch die sich die körperlichen Wunden
von gefolterten und leidenden Menschen schließen,

und einen Blick, durch den sich Mitmenschen
so tief verstanden fühlen,
dass sie in ihrer Seele gesund werden,
viel mehr, als sie je für möglich hielten,

und eine Handlung, noch so klein,
die mit Seele erfüllt ist,
sodass ihr Empfänger ohne Zweifel weiß,
dass er gemeint ist,

und ein Wort, mit einer Stimme gesagt,
die Mut verbreitet, das eigene Leben
so entschieden anzugehen,
dass Gott wieder auf der Erde sichtbar wird,
wie in alten Geschichten,
die wir nie richtig geglaubt haben.

Imagine a love,
that can close the physical wounds
of tortured and suffering people,

and a look, that will let others know
that they are so deeply understood
that they become whole in their souls,
far beyond that which they could imagine,

and an action, even if it is very small,
is filled with soul,
so that the receiver knows without doubt
that it was meant for him,

and a word said with a voice,
that spreads the courage
to live one´s own life so decisively,
that god becomes visible on earth again,
like in old legends,
which we never really believed.

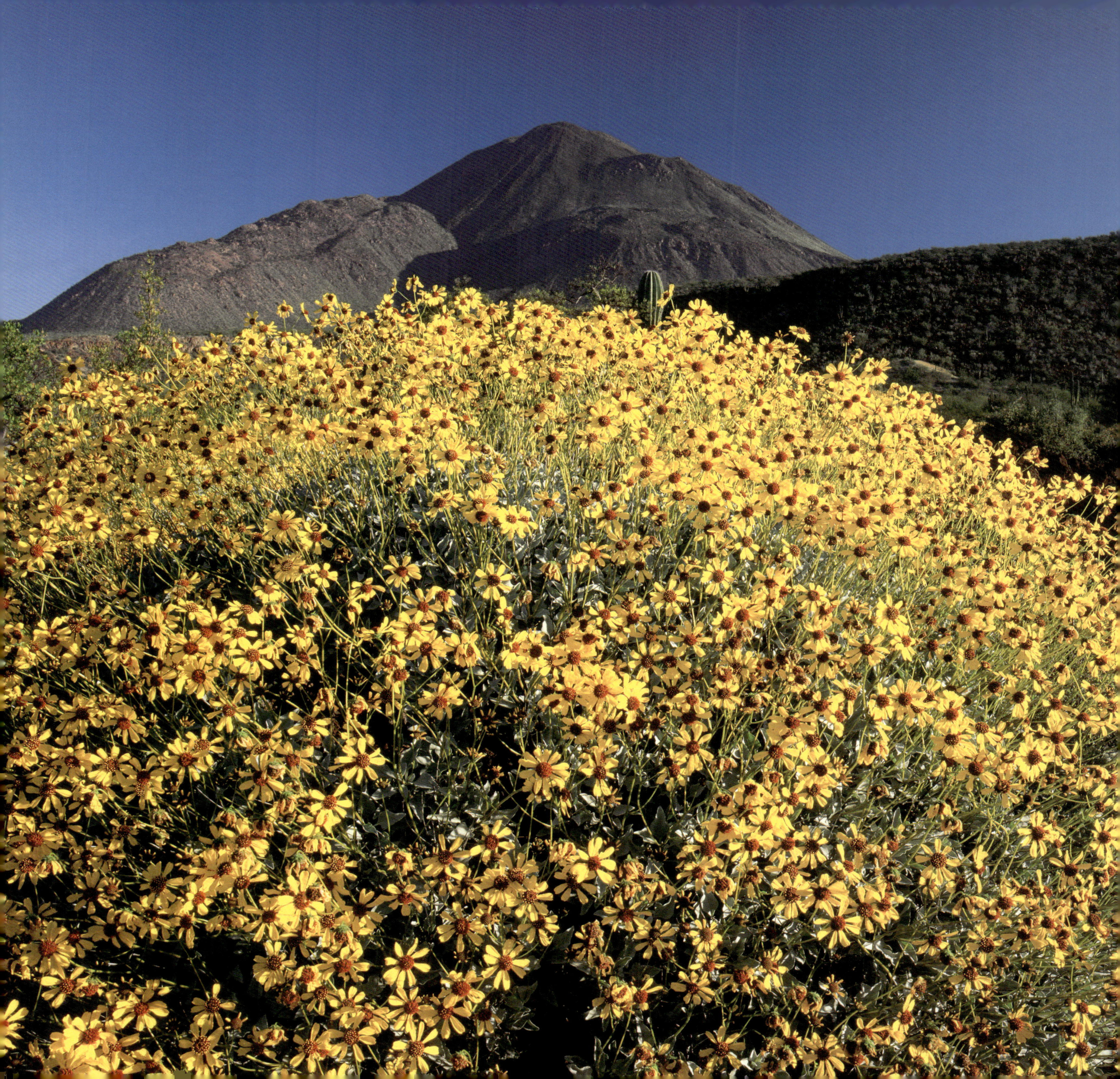

Verbindungen / Connections

Was du in deinem Teil der Welt seufzt, löst etwas aus.
Wenn du lachst, geht es in kleinen Wellen um die Welt
und öffnet Türen für die, die deinen Namen nicht kennen
und dich doch über die vielen Kilometer fühlen.

Dein Glaube und deine Hoffnung
können das Gefäß zum Überfließen bringen.
Alles zählt. Nichts ist unwichtig,
nicht der Schmetterling, der in China mit seinen Flügeln schlägt,
nicht der Teenager, der in einer Mall in Los Angeles sein Geld ausgibt,
nicht die Gebetswachen in Toronto oder die Zinssätze in Japan,
nicht die Sonnenprotuberanzen oder die sich erwärmenden Ozeane,
nicht die Fluten in Indien und die Dürrezeiten in Afrika,
weder die Energie deiner Suche
noch die Wellen des Glücksgefühls in deinem Körper,
nicht die steigende Börse noch der verschwindende Regenwald.

Es gibt eine Balance zwischen dem Leid und dem Hochgefühl,
zwischen Freude und Schmerzen, zwischen jetzt und nie,
zwischen oben und unten, offen und geschlossen,
zwischen Ursache und Wirkung,
und jeder von uns löst es aus und spürt es.
Es läuft durch unsere Knochen, unsere Innereien,
unsere Seele und unseren Geist.
Es färbt und legt fest, es zerfetzt und streicht,
es regt auf und segnet auf geheimnisvolle Weise.
Das Leben entfaltet sich mit Dringlichkeit
inmitten seiner geologischen Zeit.
Du und ich sind beteiligt an jeder Falte,
an jeder Ausdehnung und jeder Kontraktion.
Wir sind ein Teil der Wehen und des Schmerzes,
aus dem etwas Neues geboren wird.
Wir sind Patienten, Hebammen und Ärzte in einem.

Wie eine einzige Stimme einen Politiker an die Macht bringen kann,
so können einem Gebet, einem Wunsch Beine oder Flügel wachsen,
oder ein Mund findet Worte,
die in das Brachland einer Seele fallen,
die darauf gewartet hat, berührt zu werden.
Und weil eine Bewegung zu einer anderen führt,
so kommt die Hand zum Auge, das Auge zum Mund,
der Mund zur Seele, die Seele zu den Worten
und die Worte zum Geist,
und eine Welt in einer Welt wird geboren.
Die Entfaltung geschieht, und wieder einmal entsteht Leben.

What you sigh in your part of the world has an impact
When you laugh, it ripples around the world
and opens doors for those, who do not know you by name
and yet feel you across the many miles.

Your faith and hope
might be the drop that will cause the pail to run over.
Everything counts, nothing is insignificant,
not the butterfly beating its wings in China,
nor the teenager spending her money in a Los Angeles mall,
not the prayer vigils in Toronto, nor the interest rates in Japan,
not the solar flares, nor the warming of the oceans,
not the floods in India, nor the droughts in Africa,
not the energy of your search,
nor the waves of delight in your body,
not the rising stock market, nor the declining rain forest,

There is a balance of suffering and exhilaration,
of joy and pain, of now and never,
of up and down, of open and closed
that is both cause and result,
both perpetrated and felt by each one of us.
It runs through our bones, our inner organs,
our souls and spirits.
It colors and pinpoints, it shreds and deletes,
it annoys and blesses in mysterious ways.
Life unfolds with an urgency
amidst its geologic time.
You and I are involved in each fold, each crease,
each expansion and contraction.
We are part of the throes and pain
from which something new is born.
We are patients, midwives, and doctors in one.

Like a single vote can bring a politician to power,
so a prayer or a wish or a hope can grow legs, or wings
or a mouth can speak words,
which fall into the fallow land of a soul
waiting to be moved.
And because one motion leads to another,
hand comes to eye, eye comes to mouth,
mouth comes to soul, soul comes to words,
words come to spirit,
a world inside a world is born.
The unfolding continues and life is generated once again.

Die Spiritualität der Veränderung ist kompliziert und nicht da zu finden, wo wir sonst suchen. Die Welt liegt nicht in den Händen einiger, Geld regiert nicht, und der mutlose Glaube, dass du und ich nichts tun können in unserer Winzigkeit, ist nur ein Glaube, den niemand beweisen kann. Ich wähle es, anders zu glauben und anders zu leben.	The spirituality of change is intricate and perhaps not to be found where we normally look. The world is not in the hands of a few, nor does money reign, and the disheartened belief that you and I can do nothing in our smallness is itself a belief, that no one can prove. I choose to believe and live otherwise.
Die Entscheidung eines Mannes, seine Seele nicht zu verkaufen, reicht sehr weit, und die feste Überzeugung einer Frau gibt ihr ihr eigenes Leben zurück. Durch geheimnisvolle Verbindungen ist uns das Schicksal der Welt in die Hände gelegt.	One man´s decision not to sell his soul goes a long way and one woman´s firm conviction gives her back her life. Through mysterious connections the fate of the world has been placed into our hands.
Dass du vergibst, anstatt nachzutragen, macht einen Unterschied, dein Lächeln, dein Wohlwollen, deine Dankbarkeit haben eine ungeahnte Wirkung. Sogar deine Sekundenhoffnung zählt und dein Minutenmut, deine Tagesfreude und dein Jahresernst. So hältst du andere Leben in deiner Hand, jetzt vielleicht meins, ohne dass ich es weiß.	That you forgive, instead of carrying a grudge, makes a difference, your smile, your kindness, and thankfulness have an effect that can not be calculated. Your seconds of hope, your courage of minutes, your moments of joy in the day, and your seriousness over a whole year, they all count. Through them you hold the lives of others in your hand, perhaps right now you hold my life, without me knowing it.
Und wenn ich meine Fehler zugebe, wenn ich mich gegen ein Vorurteil wehre, wenn ich in meiner Liebe schöpferisch werde, wenn ich mir selbst vergebe, reicht meine Entscheidung bis zu dir, wo immer du auch bist. So lieben wir einander, ohne dass wir uns kennen.	And if I admit my mistakes, if I decide against prejudice, if I become creative in my love, if I forgive myself, then these decisions have a way of reaching you, wherever you may be. And so we love one another, without knowing each other.
Und weil die Welt immer viel mehr war als nur ein mechanisches System mit physikalischen Gesetzen, darum sind Ursache und Wirkung unbegreiflich miteinander verbunden, und es geschieht immer viel mehr, als wir denken, und mehr, als wir denken können. Unermesslich ist die Verbindung, in die wir eingebettet sind. Der Segen liegt im Geheimnis, und das Geheimnis ist in jedem Herzen.	And because the world has always been much more than a mechanical system, where only physical laws apply, cause and effect are more incomprehensibly connected than we think and more than we can think. So much more happens than we can see. The connectedness into which we have been placed is immense. The blessing is in the secret and the secret is in each heart.

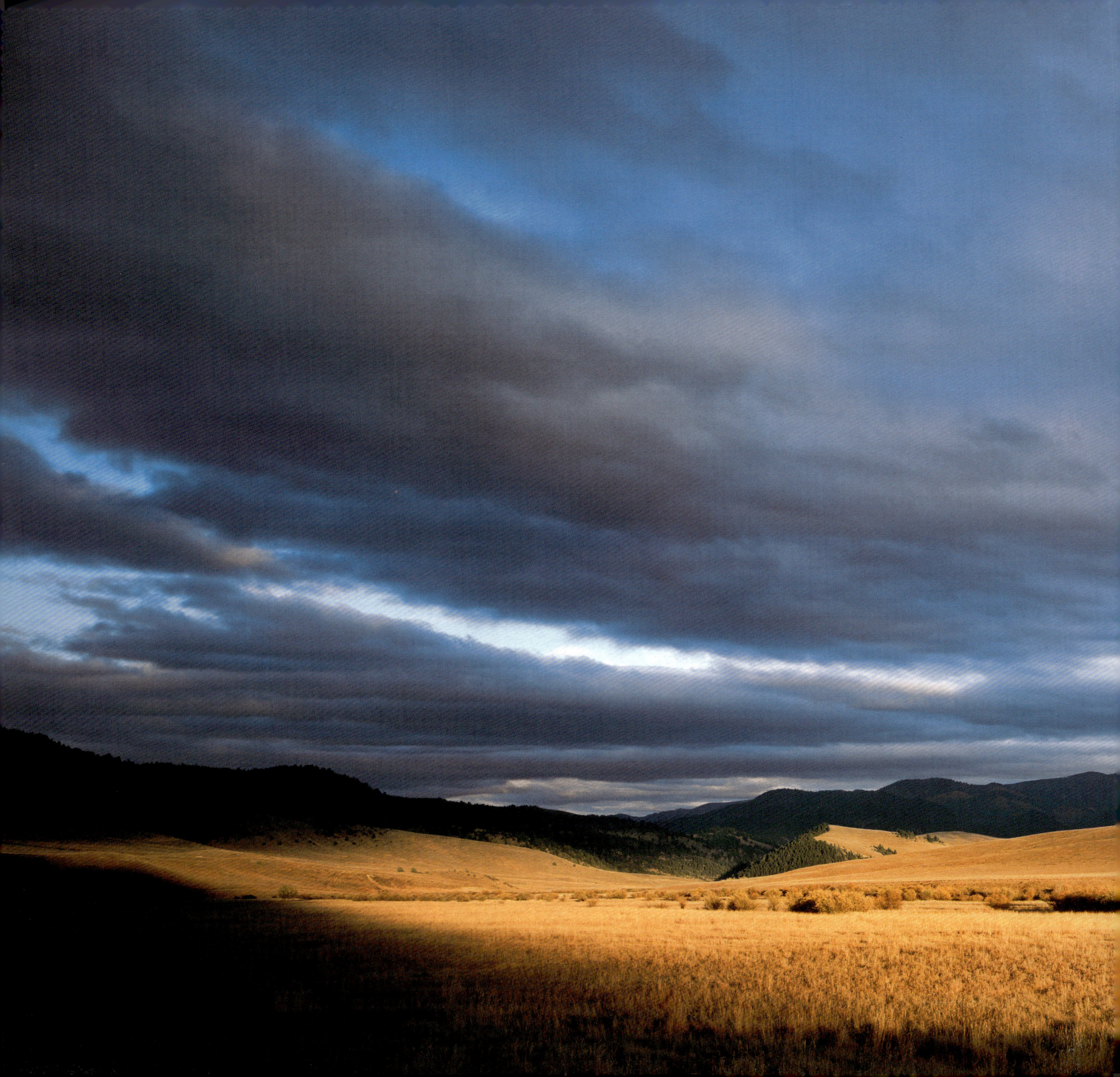

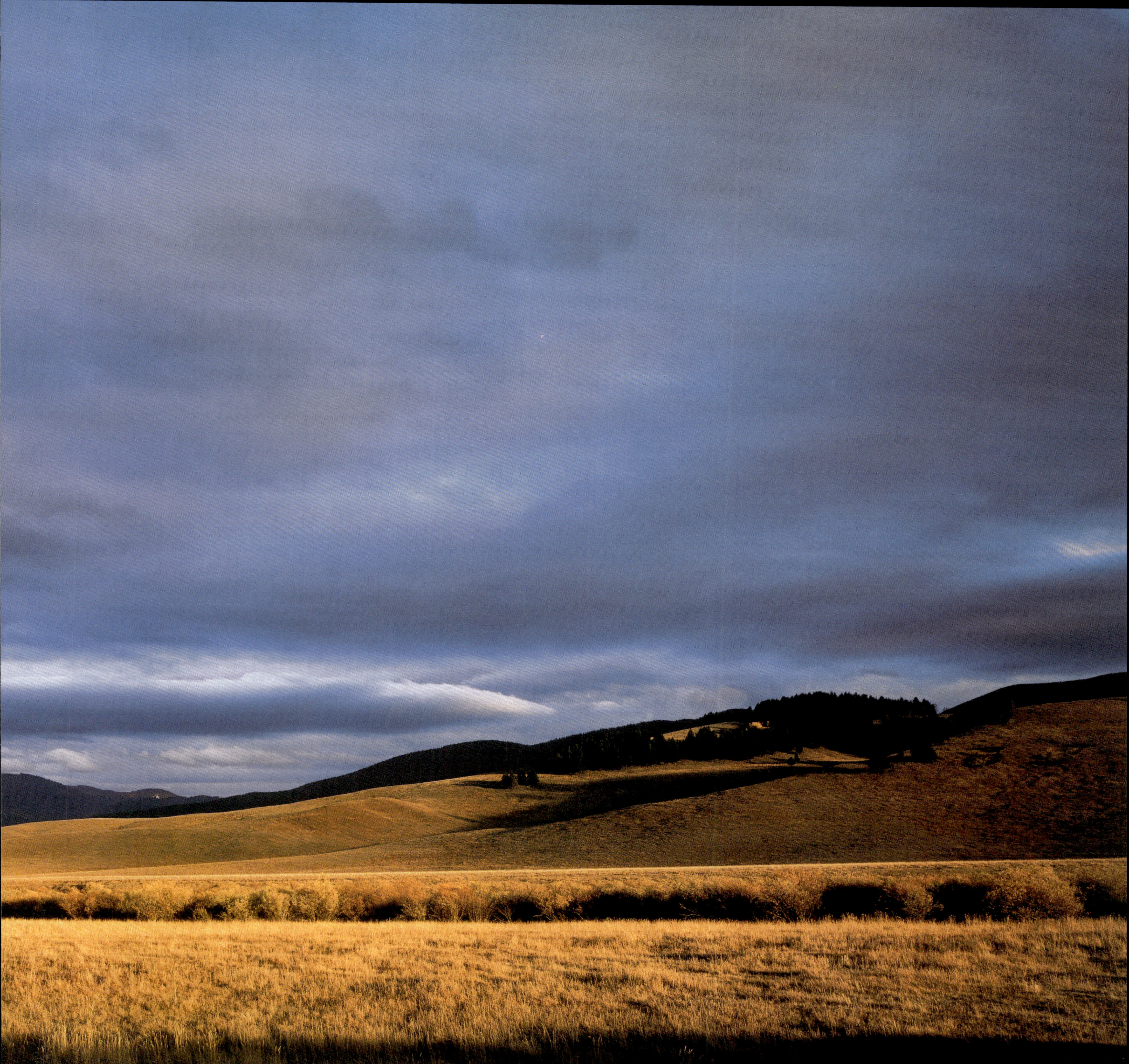

Staunen

Könnte es sein,
dass dein Gewebe
und die Flüsse deines Blutes
staunen möchten,
du es dir aber schuldig zu sein meinst,
alles schon zu kennen,
als seist du ein Nachschlagewerk?
So bleibst du arm,
und nichts von dem, was du weißt,
ist wirklich deines.
Das Fach,
in dem du dein Wissen ordnest,
ist voll,
aber dein Herz ist leer.
Nur was dich kennt,
kennst du.

Lass
das Staunen
aus dir fließen,
es ist der Fluss des Lebens,
der in das Meer der Dankbarkeit mündet,
dessen Wellen alles berühren und verändern.
Zuerst dich.

To marvel

Is it not possible
that the tissue of your body
and the rivers of your blood
want to marvel and be amazed,
but you seem to think
that you owe it to yourself
to already know everything,
like an encyclopedia.
That is how you will stay poor,
and nothing of your knowledge
will truly be yours.
The shelf
on which you organize your knowledge,
is full,
but your heart is empty.
You only know that,
which knows you.

Let
amazement
flow out of you,
it is the river of life,
flowing into the ocean of thankfulness,
whose waves touch and change everything.
You first.

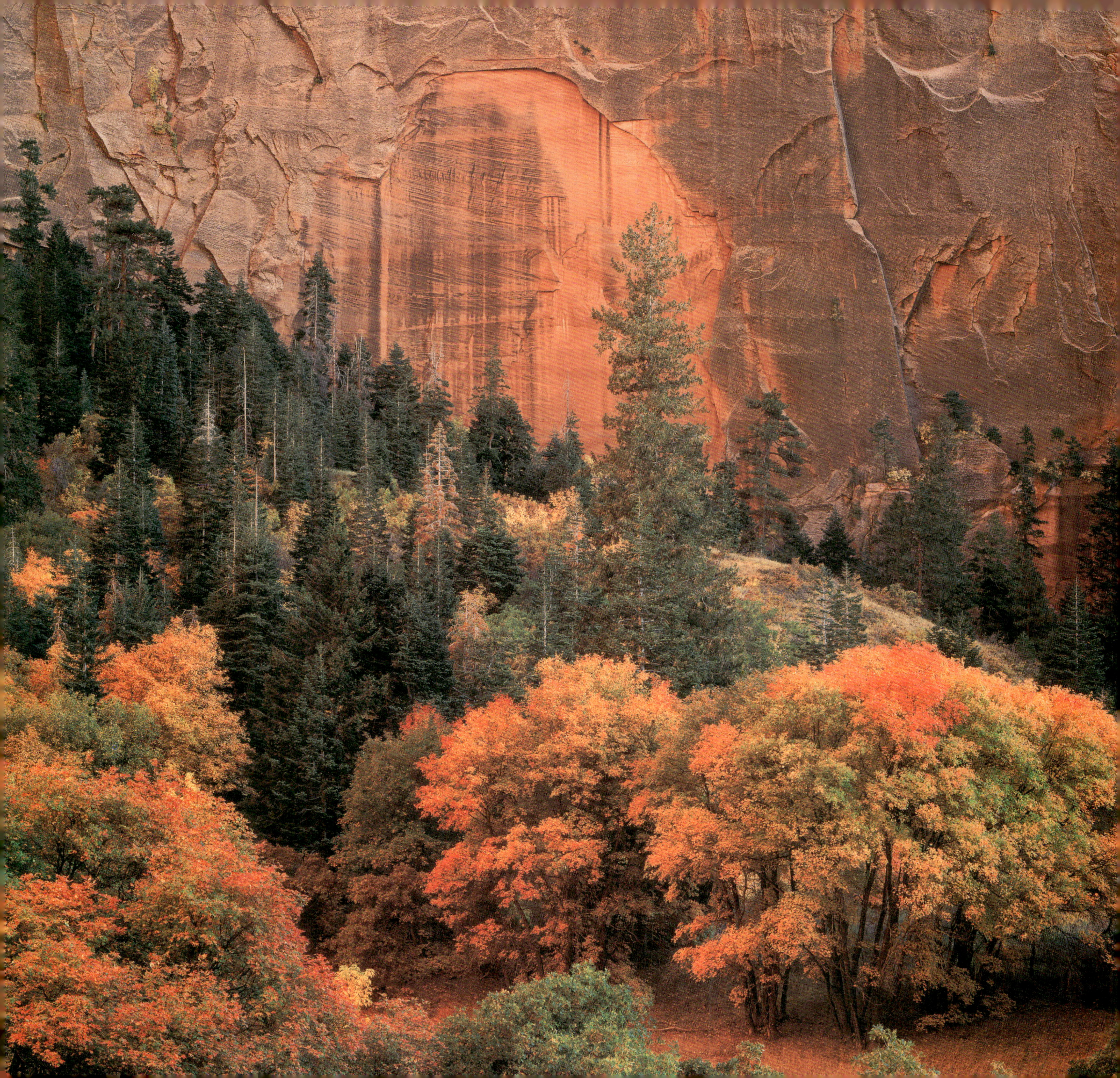

Unsere eigene Geschichte

Jeder von uns hat eine Geschichte,
die weit über die Geschichte hinausgeht,
in der wir einen Geburtsort haben,
eine Jugend, eine Ausbildung, eine Karriere
und einen Ablauf von Ereignissen
mit Personen und Daten.

Wir haben eine innere Geschichte,
gebildet durch das, was wir vorgezogen und gewählt haben,
durch unsere Einstellungen und Überzeugungen.
Wir haben diese Geschichte geformt wie ein Kunstwerk,
jeden Tag erzählen wir sie neu,
wie ein uralter Erzähler.
In dieser Geschichte sind wir zu Hause,
wir bewegen uns in ihr mit Sicherheit,
wir sind vertraut mit ihren Schmerzen und Freuden.
Hat die Welt dir gesagt, dass deine Geschichte nicht zählt,
dass sie sich an die Regeln halten muss, die andere festgelegt haben?

Ich sehe eine Zeit kommen, in der ein jeder von uns
neu von innen her bestimmen wird, was Krankheit und Fortschritt,
Erfolg und Versagen bedeuten,
und wir nicht mehr Statistiken und Prüfungsergebnisse
gebrauchen werden, um den Wert eines anderen Menschen festzulegen,
sondern verstehen werden, wie es zu jeder Geschichte kam
und dass gerade in ihrer Einmaligkeit ihr Beitrag liegt,
auch wenn das manchmal für alle schmerzhaft ist.

Glaube an deine Geschichte,
entfalte sie, füge ihr neue Kapitel hinzu,
entdecke ihre geheime Bedeutung,
lebe in ihren Bildern, liebe ihre Werte, stehe zu ihr.
Sei, was du bist.

Eine Zeit wird kommen,
da wird Wirklichkeit das Zusammenfügen dieser Geschichten sein,
und nicht die Geschichte, die jemand
für richtig und normal und gesund erklärt hat.
Dann wird Charakter mehr bedeuten denn je,
und wir werden entdecken, dass oft gerade das,
was wir am wenigsten verstehen,
den größten Beitrag zu leisten hat.
Wir werden lernen zu lieben und Sorge zu tragen,
auch wenn wir nicht verstehen.

Our own story

Each of us has a story,
that goes far beyond the story
in which we have a place of birth,
a youth, an education, a career
and a sequence of events
that has people and places attached to it.

We have an inner story
formed by our preferences and choices,
our attitudes and beliefs.
We have crafted it like a work of art,
every day we tell it anew,
like an ancient storyteller.
We have a home in that story,
we move through it with a certainty,
we are familiar with its pains and joys.
Has the world told you, that your story does not count,
that it must fit the rules others have chosen?

I can see a time coming when each of us,
will redefine illness and progress,
success and failure from within,
when we no longer apply statistics and tests
to determine the value of another human being,
but understand how each story came to be
and see that its uniqueness is its contribution,
even if at times it is painful for all.

Believe in your story,
unfold it, add new chapters to it,
discover its hidden meaning,
live in its pictures, love its values, own it.
Be what you are.

A time will come,
when reality will be the compilation of all of our stories
and not the story that someone has deemed
to be right and normal and healthy.
Then character will matter more than ever
and we will discover, that often
what we understand least
has the greatest contribution to make.
We will learn to love and care,
even if we don´t understand.

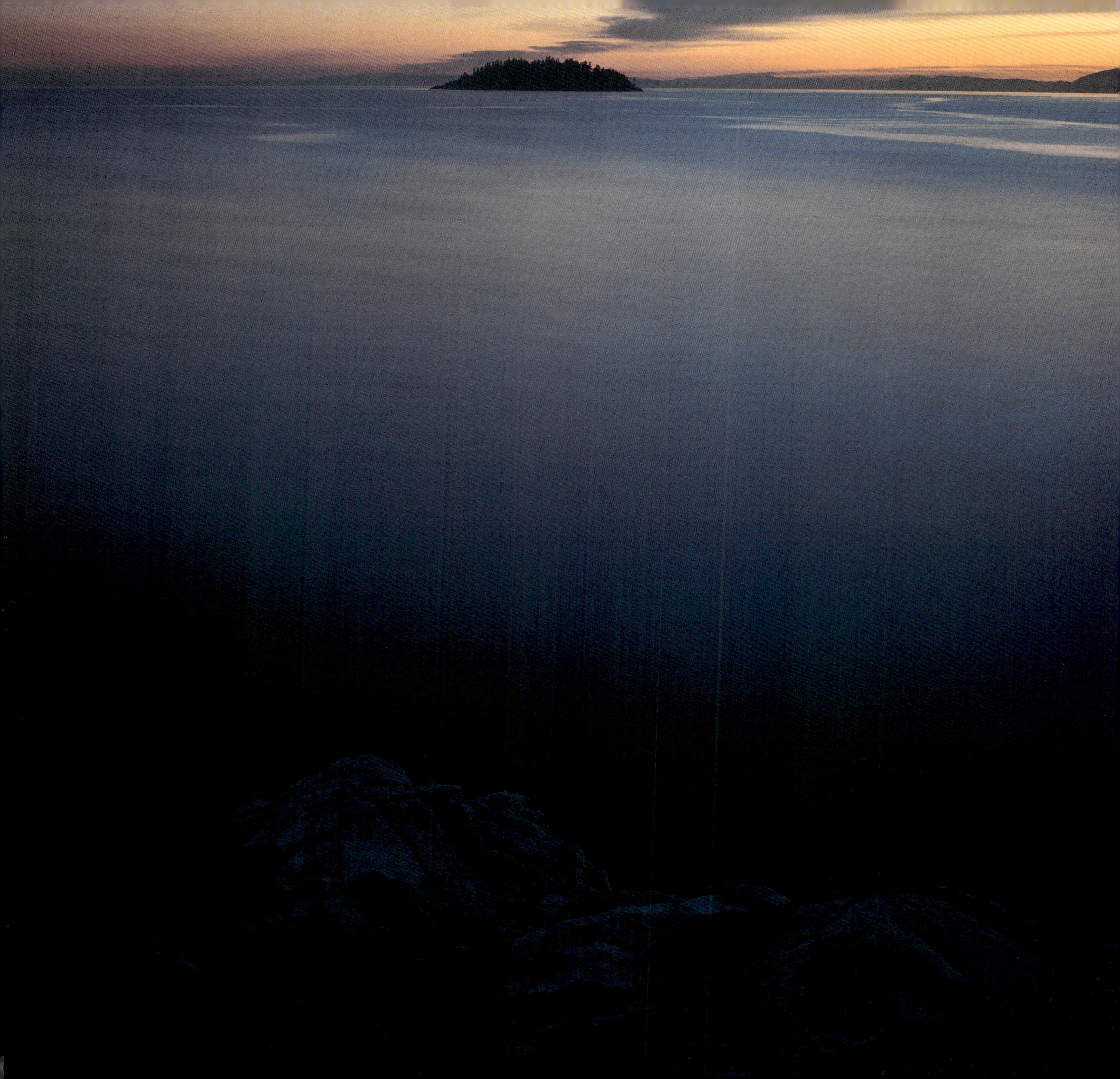

Gewebe der Welt / Fabric of the world

Ich möchte würdig sein,	I want to be worthy
mich in der Welt zu bewegen,	to move through the world,
teilzuhaben am Stoff und Gewand des Planeten.	to be a part of the material and covering of this planet.
Ich bin nicht das ehrliche Licht	I am not the honest light
auf dem lila Berg in der Abendsonne,	on the purple mountain in the evening sun,
ich bin nicht die geduldige Prärie	I am not the patient prairie
mit dem goldbraunen Schnaufen der Büffel.	with the golden brown snorting of buffalo.
Ich bin nicht eine Welle,	I am not the wave,
die wie ein eifriger Bote	who, like an ardent messenger,
von einem Kontinent zum andern läuft	runs from continent to continent
und meldet, dass alles in Bewegung ist	to report that everything is in motion
und ankommen wird,	and will arrive
in der Nacht oder am Tag.	either at night or in the day.
Und doch bin ich eine ganze Welt in dieser Welt,	And yet I am an entire world inside of this world,
eine Vielzahl an Schwingungen,	a multitude of vibrations,
ein Bindfaden mit einer Reihe Knoten,	a string with a row of knots,
gespeicherte Energie aus dem Werweißwoher.	stored energy that came from whoknowswhere.
Ich bin anders weise als die Zugvögel,	My wisdom is different than that of migratory birds,
ich überwintere zwischen Alphabeten	I spend the winter between alphabets,
und ziehe den Frühling mit meiner Erinnerung an.	and attract the spring with my memory.
In mir gibt es den weiten Strand der Ebbe	Inside of me there is the expansive beach at low tide
und die Verheißung der Flut.	and the promise of high tide.
Manchmal durchschneiden mich die vier Jahreszeiten	Sometimes all four seasons cut through me
an einem einzigen, bewegten Tag,	on a single, turbulent day,
dann schnaufe ich doch wie die Büffel,	then I do snort like the buffalo
und rufe rau wie der Reiher,	and call harshly like the heron,
einbeinig und dem Verhungern nah.	one-legged and close to starving.
Mit meiner Erkenntnis grüße ich die Dinge,	With my insight I greet the things
die mich umgeben,	that surround me.
ich versuche sie zu spüren,	I try to sense them,
ich wiederhole ihre Sprache in mir,	deep inside I repeat their language,
ich öffne ihr Testament	I open their testament,
und finde mich dort erwähnt.	and find myself mentioned there.
Ich werde wesentlich im Gewebe der Welt.	I become substantial in the fabric of the world.

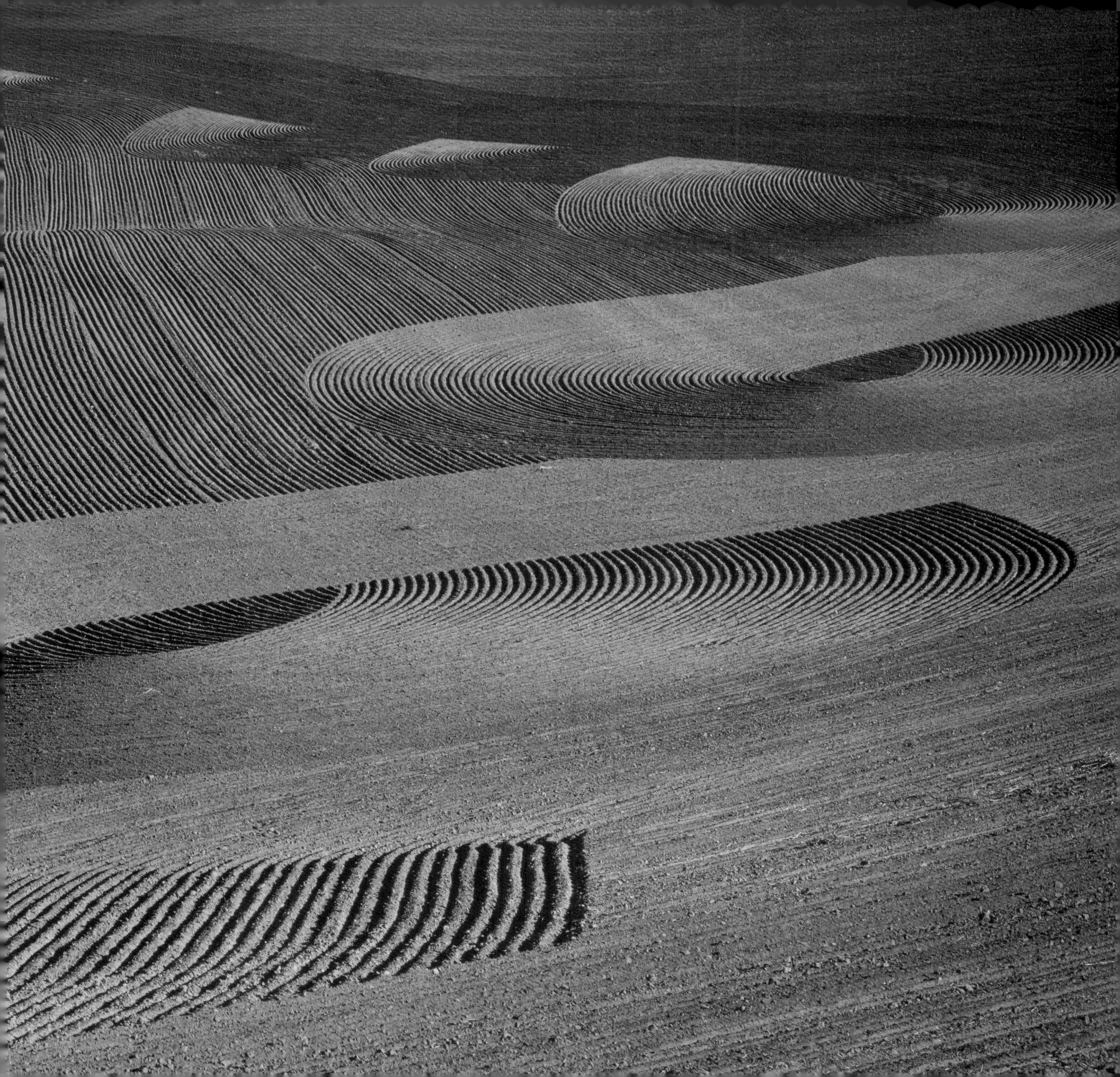

Du, weit weg   You, far away

Regentropfen an meinem Fenster,	Raindrops on my window,
hier an der kanadischen Küste des Pazifik,	here on the Canadian coast of the Pacific,
diesem manchmal stillen, manchmal wilden Ozean,	this sometimes quiet, sometimes wild ocean,
dessen Rand ich mit Japan, Russland, China und Hawaii teile.	whose rim I share with Japan, Russia, China and Hawaii.
Regentropfen, die aus Wolken fallen,	Raindrops falling from clouds,
die in einem fernen Land aufgestiegen sind,	that arose in a distant land
aus den Seufzern Unbekannter,	from the sighs of strangers,
die ich nie hören oder sehen werde	that I will never hear nor see
und die doch mit mir verwandt sind.	and yet they are related to me.
Wie klein ist die Welt,	How small is the world,
wie verbunden sind wir alle.	how connected we all are.
Wir berühren einander	We touch each other,
ohne es zu wissen.	without knowing it.
Wir tragen, erhalten und zerstören einander.	We carry, keep and destroy each other.
Mit ein paar Veränderungen bin ich du.	With a few changes I am you.
Was ich mir tue, tue ich dir.	What I do to myself, I do to you.
Und deine Handlungen	And your actions
schwappen bis zu mir herüber.	spill over to me.

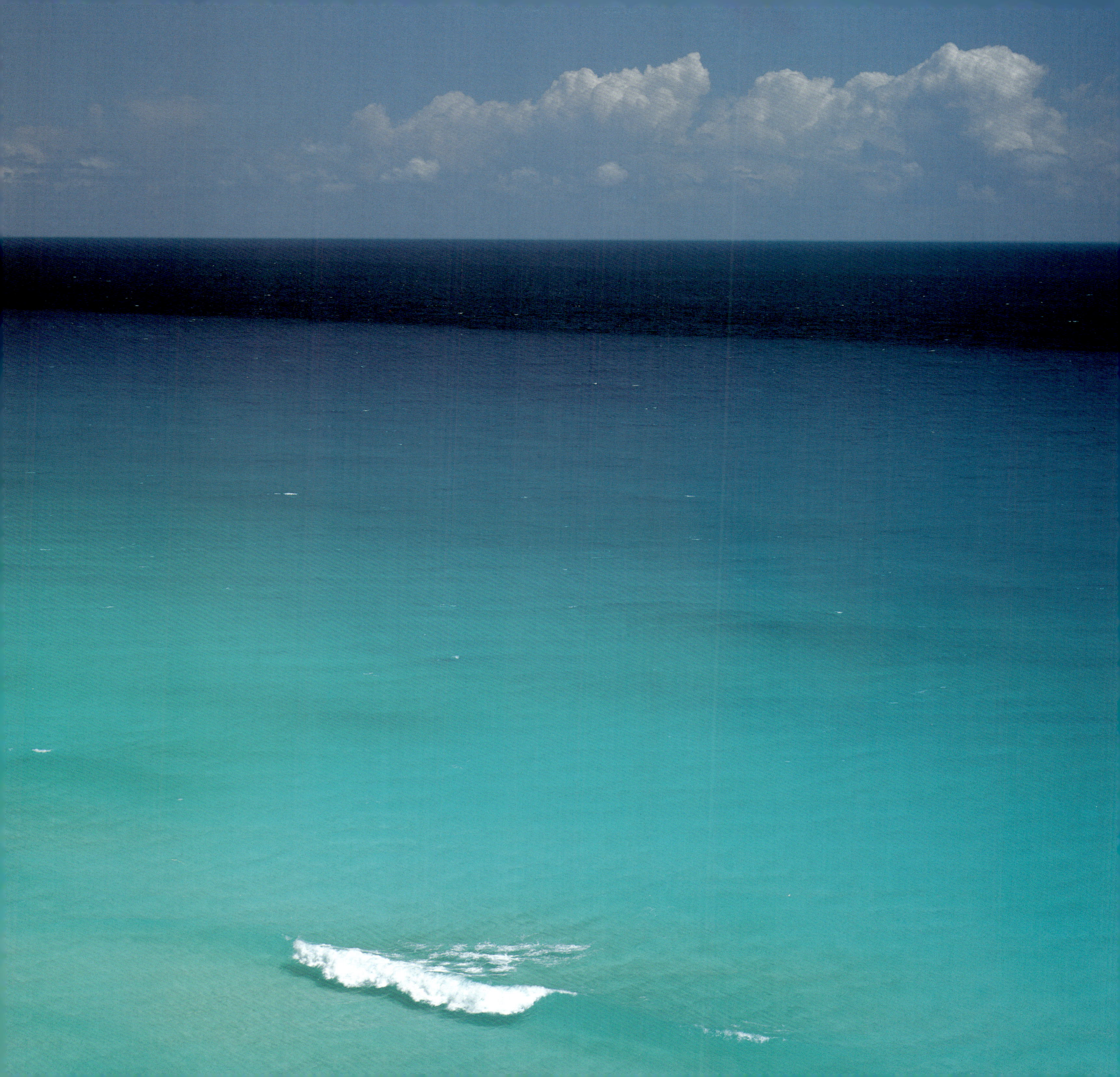

Im Wald stehen

Außen, grüne Wände unter einer blauen Luftdecke,
innen, die roten Wände meines Herzens,
außen Xylem und Phloem,
durch die nährende Flüssigkeit in die entferntesten Äste fließt,
innen Venen und Arterien,
die jedem Organ Sauerstoff und Nahrung bringen,
Leben jedem Quadratzentimeter Haut.

Ich bin eine natürliche Landschaft,
ich zeige die Blätter meiner Einfälle,
die Nadeln meiner Leidenschaft,
die Borke meiner Verletzbarkeit.
Das hüpfende Licht in der Lichtung
wiederholt die Wahrheit, die ich spreche.

Der Wald ist eine Person,
die durch andere Lungen atmet,
die sich in dem Chlorophyll köstlicher Kleider kleidet,
die auf den Wind und die harte Kälte
mit derselben Angst wartet wie ich,
aufrecht stehend, der Sonne zugewandt.

Wir beten alle zur selben Lebenskraft,
zur selben Leuchtkraft des Geistes,
Wurzeln, Äste, Arme, Lippen, Borke und Haut,
wer kann sie unterscheiden in diesem großen Drang,
die Fülle der zugewiesenen Jahre zu erreichen:
Eiche, Birke, Kiefer, Buche, Douglastanne,
Palme, Ulme, Arbutus und Espe, ich, du?

Bäume sind Menschen
und Menschen Bäume:
die Geliebten meines Lebens.

Standing in a forest

Outside, green walls under a blue ceiling of air,
inside, the red walls of my heart,
outside xylem and phloem tubes
passing nourishing liquids to the remotest branches,
inside, veins and arteries
delivering oxygen and food to each organ,
life to every square centimeter of skin.

I am a natural landscape
I display the leaves of my notions,
the needles of my desire,
the bark of my vulnerability.
The bouncing light in the clearing
repeats the truth I speak.

The forest is a person,
breathing through other lungs
dressing in chlorophyll's delectable dresses,
waiting for the wind and the fierce cold
with the same fear as I have,
standing erect, facing the sun.

We are all praying to the same life force
to the same incandescence of spirit,
roots, branches, arms, lips, bark and skin,
who can tell the difference in that one large drive
to live to the fullness of the alotted years:
Oak, birch, bristlecone pine, beech, Douglas fir,
palm, elm, arbutus, aspen, I, you?

Trees are people
and people trees:
the loves of my life.

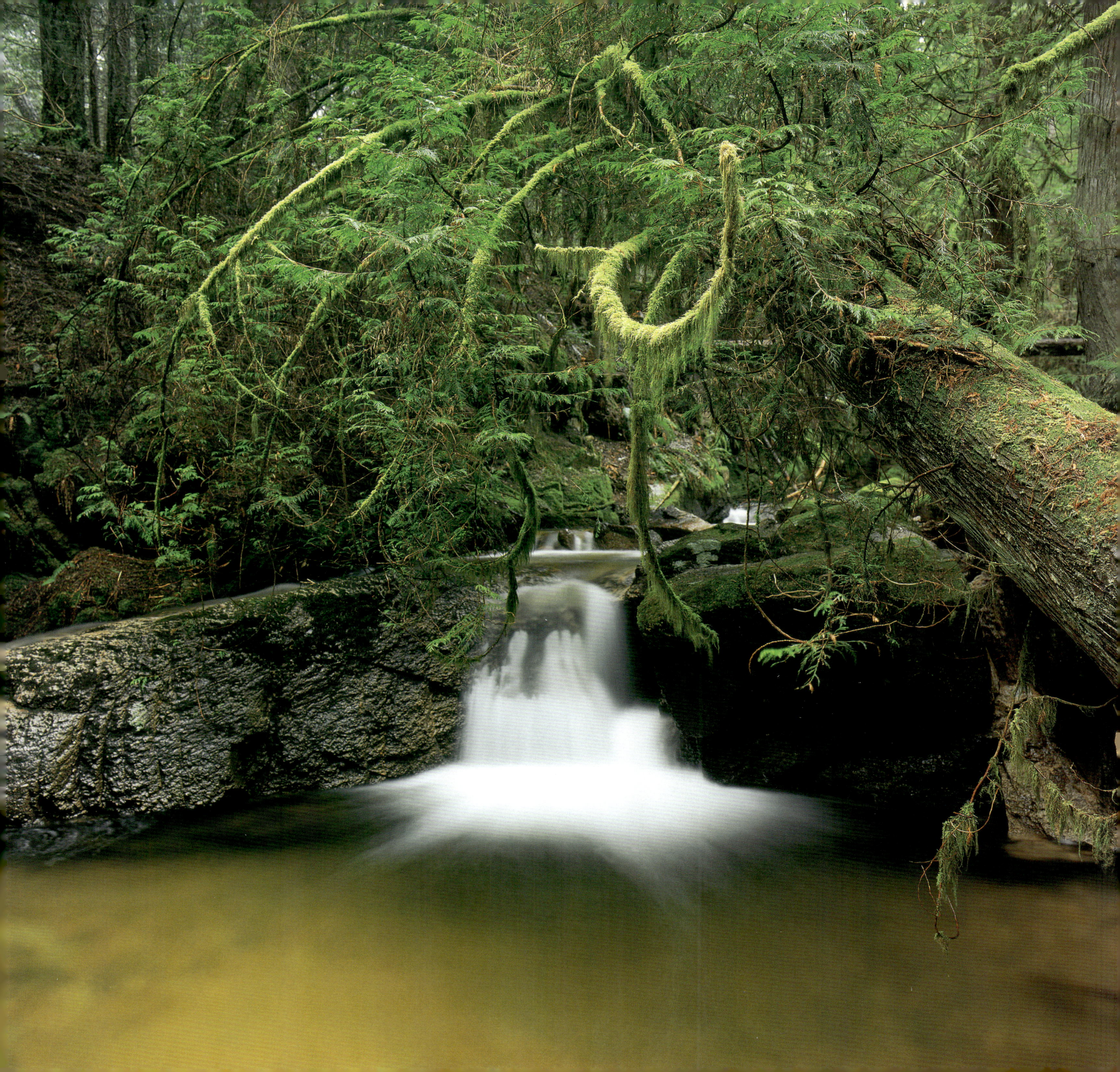

Wir sind die Erde

Wir sind die Erde.
Sie haftet an uns in roten Lehmklumpen,
im schwarzen Torf des dunklen Moors,
in Düne um Düne des Wüstensandes,
im gelben Löss, in dem die Winde der Eiszeit noch spielen.
Jeden Tag entstehen wir aus dem, was die Erde hervorbringt.

Wir sind das Wasser.
Wir tauchen ein in den Indischen Ozean
und bestehen die Stürme im Stillen Ozean.
Wir sind Teil des Wasser in den hunderttausend blauen Augen
der nordkanadischen Seen,
wir fließen im Brahmaputra, im Klarälv, im Po und im Nil.

Wir sind die Luft
in den Luftblasen im kilometerdicken blauen Eis der Antarktis,
wir sind in Mistral, Föhn und Chinook
und in den dreihundert Millionen Alveolen unserer Lunge.

Alles, was wir sehen können, ist Bestandteil von uns.
Wir sind zusammengesetzt aus den Molekülen unserer Mitwelt.
Was wir sind, war irgendwann einmal etwas anderes:
ein Baum, eine Blume, ein Berg, ein Tier, der Sand am Meer.
Mein Herz, diese unermüdliche Pumpe,
wächst mit Hilfe des Weizens aus der kanadischen Prärie,
die ihre Nahrung aus den Regenwolken zieht,
die über dem Pazifik entstehen.
So fällt das Meer in die wogenden Felder,
so steigt der Weizen verwandelt auf,
so wird das Leben geschrotet, gebacken, verteilt, erneuert,
so entstehe ich, leuchte, leide und vergehe.

Mein Herz schlägt im Rhythmus der Gezeiten,
meine Lunge atmet durch die Kiemen des Lachses,
meine Niere scheidet aus, was schon tausend andere Organismen
ausgeschieden haben, meine Netzhaut sieht glühende Wunder.
Meine Seele taucht verwegen ein in das Wasser um die Inseln,
wird selbst Insel und sehnt das Festland herbei.

Ich begegne mir immer wieder in den Elementen der Welt.
Die Chemie meines Körpers
ist die Chemie der Erde, der Meere, der Luft.
Meine Seele streift durch die Landschaften
und findet sich wieder in Wiesen und Wäldern,
in Bäumen und Blumen
und feiert die Bruder- und Schwesternschaft allen Lebens.
Mein Geist sieht, hört und spürt das Geheimnis
der inneren Verwandtschaft aller Dinge.
Mein Geist segnet Gott und wird wieder gesegnet.

We are the earth

We are the earth.
She sticks to us in lumps of clay.
in the black peat of dark moors,
in dune after dune of desert sand,
in the yellow loess, in which the winds of the ice age still blow.
Each day we arise from that which the earth brings forth.

We are the water.
We dip into the Indian Ocean,
and survive the storm in the Pacific Ocean.
We are part of the water in the hundred thousand blue eyes
of the northern Canadian lakes.
We flow in the Brahmaputra, the Klarälv, the Po and the Nile.

We are the air
in the bubbles of the mile-thick blue ice of Antarctica,
in the mistral, foehn and chinook,
in the three hundred million alveoli of our lungs.

Everything we can see is a part of us.
We are assembled of the molecules of the world around us.
What we are, was at one time something else:
a tree, a flower, a mountain, an animal, the sand at the ocean.
My heart, this untiring pump,
grows with the help of wheat from the Canadian prairies,
which draw their nourishment from the rainclouds
that originated over the Pacific.
And so the ocean falls into the rolling fields
and the wheat arises transformed,
life is ground, baked, shared and renewed.
I come into being, shine, suffer and fade away.

My heart beats with the rhythm of the tides,
my lung inhales through the gills of the salmon,
my kidneys eliminate what a thousand other organisms
have eliminated, my retina sees the glowing miracles.
My soul dips courageously into the water around the islands,
becomes an island and yearns for solid land.

Over and over again I meet myself in the elements of the world.
The chemistry of my body
is the chemistry of the earth, the seas and the air.
My soul roams through the landscapes,
and discovers itself in the forests and meadows,
in trees and flowers
and celebrates the brother- and sisterhood of all life.
My spirit sees, hears and senses the miracle
of the interconnectedness of all things.
It blesses god and is blessed in return.

Meine Stimme gesellt sich zum Lied der Wale,
ich bewege mich nicht viel anders
als ein Berg-Gorilla auf den Hängen der Virunga-Vulkane,
ich schwimme wie ein schwerfälliger Delfin,
ich atme wie eine Wiese nach dem Regen.
Ich koexistiere mit Zweibeinern,
mit Geflügeltem und Beflosstem,
mit dem Großen und dem Winzigen,
mit der Alge und dem Stern,
mit Bewusstem und Unbewusstem,
mit den zehn Milliarden Lebewesen
in jedem Gramm Walderde.

Und Gott, wie ein endloser Faden,
verknüpft alles mit allem,
ist Farbe, Textur, Linie und Fläche
in allem, unter allem, zwischen allem,
ist unzertrennlich verwoben mit dem Schicksal der Welt.

Es gibt kein neues Wasser,
keine neue Luft, keine neue Erde,
alles ist unendlich alt, erhält uns seit Urzeiten.
Nichts ist erst heute entstanden,
alles ist nur ein Teil der täglichen Verwandlung
von einem in das andere.

Die Welt unserer Vergangenheit berührt unsere Zeit,
und wir, mit allem, was wir tun und unterlassen,
haben eine Ausstrahlung in die Zukunft.
Unsere Kinder und deren Kinder
und viele Generationen nach ihnen
werden unsere Luft atmen, unsere Erde pflügen,
unser Wasser trinken, unsere Wildnis suchen.

Nichts weniger als unsere komplette Liebe
und unsere gesammelte Aufmerksamkeit
benötigt die Welt, die wir selbst sind,
wenn sie leben soll,
wenn wir leben wollen.

My voice joins the song of the whale,
I do not move so differently than the mountain gorilla
on the slopes of the Virunga volcanoes,
I swim like a cumbersome dolphin,
I breathe like a meadow after a rain shower,
I co-exist with bipeds,
with winged and finned creatures,
with the large and the tiny,
with the lichen and star,
with the conscious and the unconscious,
with the ten billion life forms
in each gram of forest soil.

And god, like an endless thread,
ties it all together,
is color, texture, line, and surface
in everything, under everything, between everything,
is inseparably woven into the fate of the world.

There is no new water,
no new air, no new earth,
everything is very old and supports us since time immemorial.
Nothing has come into being only today,
everything is just a part of the daily transformation
from one thing into another.

The world of our past touches our time,
and we, with all we do or neglect to do,
have an effect on the future.
Our children and their children
and many generations beyond them
will breathe our air,
drink our water and look for our wilderness.

The world needs nothing less
than our complete love
and our collected attention,
if it is to live,
if we want to live.

Seele

In mir
– was für ein Wunder –
ist die andere Welt,
der ich durch meine Seele angehöre,
so wie die Welle dem Ozean.

Ich spüre einen anderen Teil von mir,
die Hand, die sich von dort nach mir ausstreckt,
dieses freigelassene, silberne Wort,
das mich zur Hochzeit einlädt.

Die Fasern dieser unfassbaren Welt bilden ein Netz,
in dem der Körper mit seinen Energiebahnen,
mit seinem Herz und Blut
sanft gefangen wird.

Ich begebe mich klopfenden Herzens
in dieses Fluten und Schimmern,
in die Zeichensprache und Bilderbuntheit,
in die Weisheit von früher,
in ihren Hunger und Überfluss.
In dieser Welt ist Ahnen Leben
und Schweigen Aufblühen.
Ich spüre, dass ich kein Ende habe,
hinter jedem Bild in mir steht ein weiteres,
lockend und sprechend,
jenseits des Verstandes.
Ich bin dunkler Abgrund und helle Spitze.

Die Seele ist ein weißes Schiff,
das lautlos aufs dunkle Meer hinausfährt,
um Hochzeit mit dem Geheimnis zu halten.

Soul

In me
– what miracle –
is the other world
to which I belong by virtue of my soul,
like the wave is part of the ocean.

I can sense another part of me,
the hand reaching out for me from over there,
the released, silver word,
that invites me to a wedding.

The fibres of this incredible world are like a net,
in which the body's energy,
its heart and blood
are gently caught.

With pounding heart
I move into this flooding and shimmering,
into its language of signs and colorful images,
into its wisdom of the ages,
with its hunger and abundance.
In this world yearning is life
and silence is a blooming.
I sense, that I have no end.
Behind each one of my inner images
there is another,
enticing and eloquent, beyond reason.
I am dark abyss and bright peak.

The soul is a white ship,
silently moving out into the dark ocean
to hold a wedding with mystery.

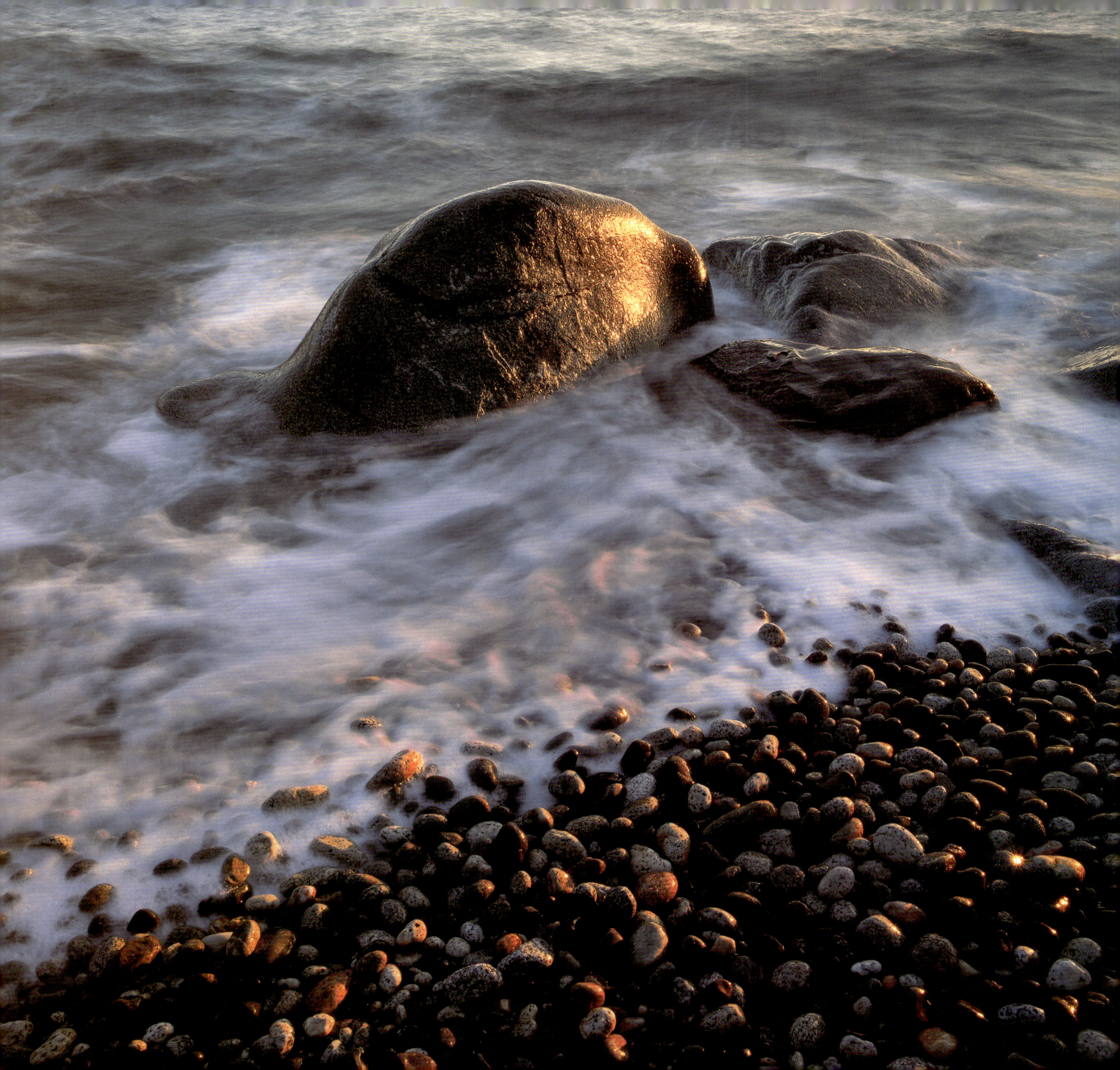

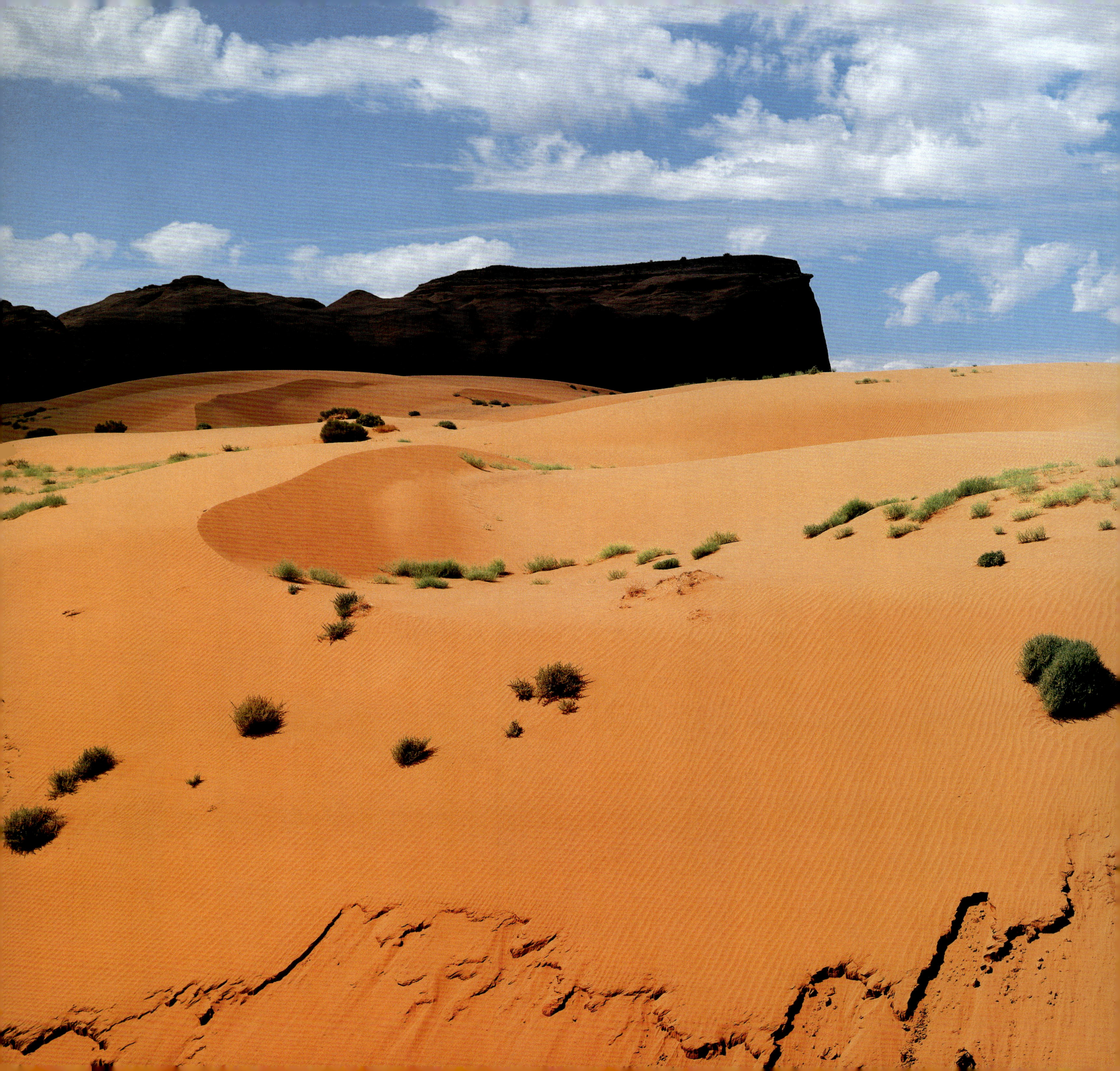

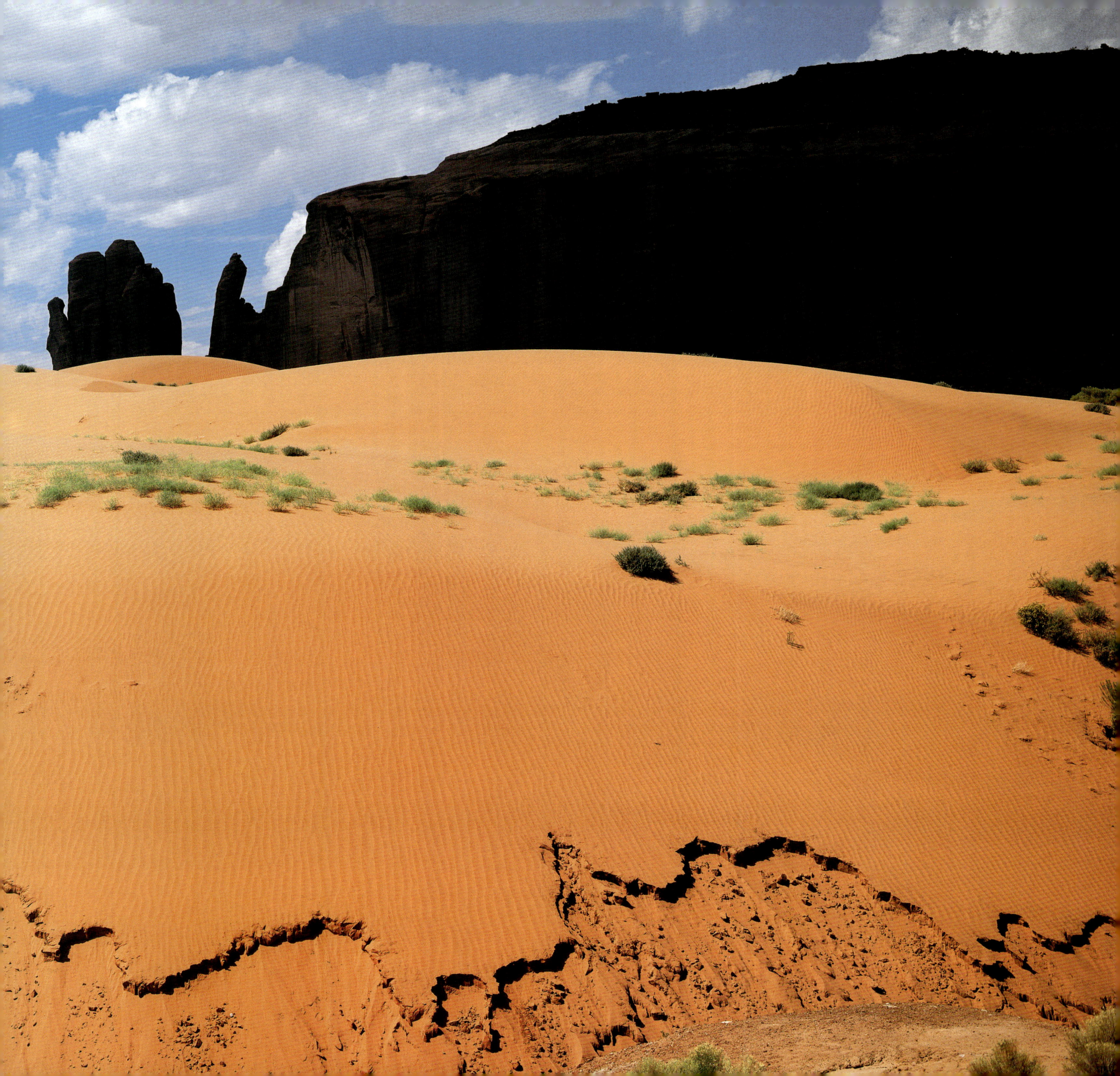

Niemand ist eine Insel / No one is an island

Worte reichen nicht aus,	Words aren´t enough
um dir das Wichtigste mitzuteilen.	to convey to you, what is most important to me.
Auch traue ich ihnen nicht,	I also don´t trust words
weil sie so leicht über die Lippen gehen.	because they can come so easily.
Luftblasen, die in den blauen Himmel steigen	Soap bubbles rising into the blue sky,
und zerplatzen.	then bursting.
Darum will ich heute ohne Worte mit dir reden.	That is why I want to talk to you without words today.
Mit einem Blick, in dem ich bin,	With my eyes, in which I live,
will ich dir sagen, was ich für dich empfinde.	I want to tell you what I feel for you.
An meinem Lächeln, das ich ganz mit mir beseele,	By my smile, into which I have poured my soul.
sollst du erkennen, dass wir Bruder und Schwester sind,	you will recognize, that we are brother and sister,
und meine Handlungen und Gesten, die kleinsten und größten,	and my actions, the smallest and the most significant
sollen dich wie Gaben erreichen:	shall reach you like gifts:
die Zartheit in meinen Händen, der Mut meiner Arme,	the gentleness of my hands, the courage of my arms,
das freundliche Schweigen, mein aufmerksames Herz,	my friendly silence, my observant heart,
der Einsatz meines Denkens,	the commitment of my thinking,
sie alle suchen nach dir,	they all search you out,
mein Bruder, meine Schwester,	my brother, my sister,
mein Reisegefährte auf dieser langen Wanderung,	my fellow traveller on this long trip,
Nachbar um die Ecke,	neighbor around the corner,
sibirischer Holzfäller, tibetanischer Hirte,	Siberian woodsman, Tibetan herder,
italienische Verkäuferin, finnischer Bäcker,	Italian salesgirl, Finnish baker,
Pariser Geschäftsmann, japanische Hausfrau,	Parisian businessman, Japanese housewife,
Kanzler und Präsident, brasilianischer Arzt,	chancellor and president, Brazilian doctor,
Freiheitskämpfer und Gefangener.	freedom fighter and prisoner.
Wir alle sind nur durch ein paar Grad Einsamkeit getrennt.	We are all separated by only a few degrees of solitude.
Mit winzigen Verschiebungen der Umstände	Through a small shift in circumstances
könnte ein jeder in der Haut des andern stecken,	each one of us could slip into the skin of the other,
könnte das ungewohnte Glück, die fremden Schmerzen,	could feel the unaccustomed happiness, the strange pain,
das unbekannte Erschrecken, das Wunder eines anderen Lebens spüren.	the unknown terror and the magic of another person´s life.
Wir sind nicht so getrennt, wie wir oft meinen.	We are not as separate as we often think.
Niemand	No one
ist eine Insel.	is an island.

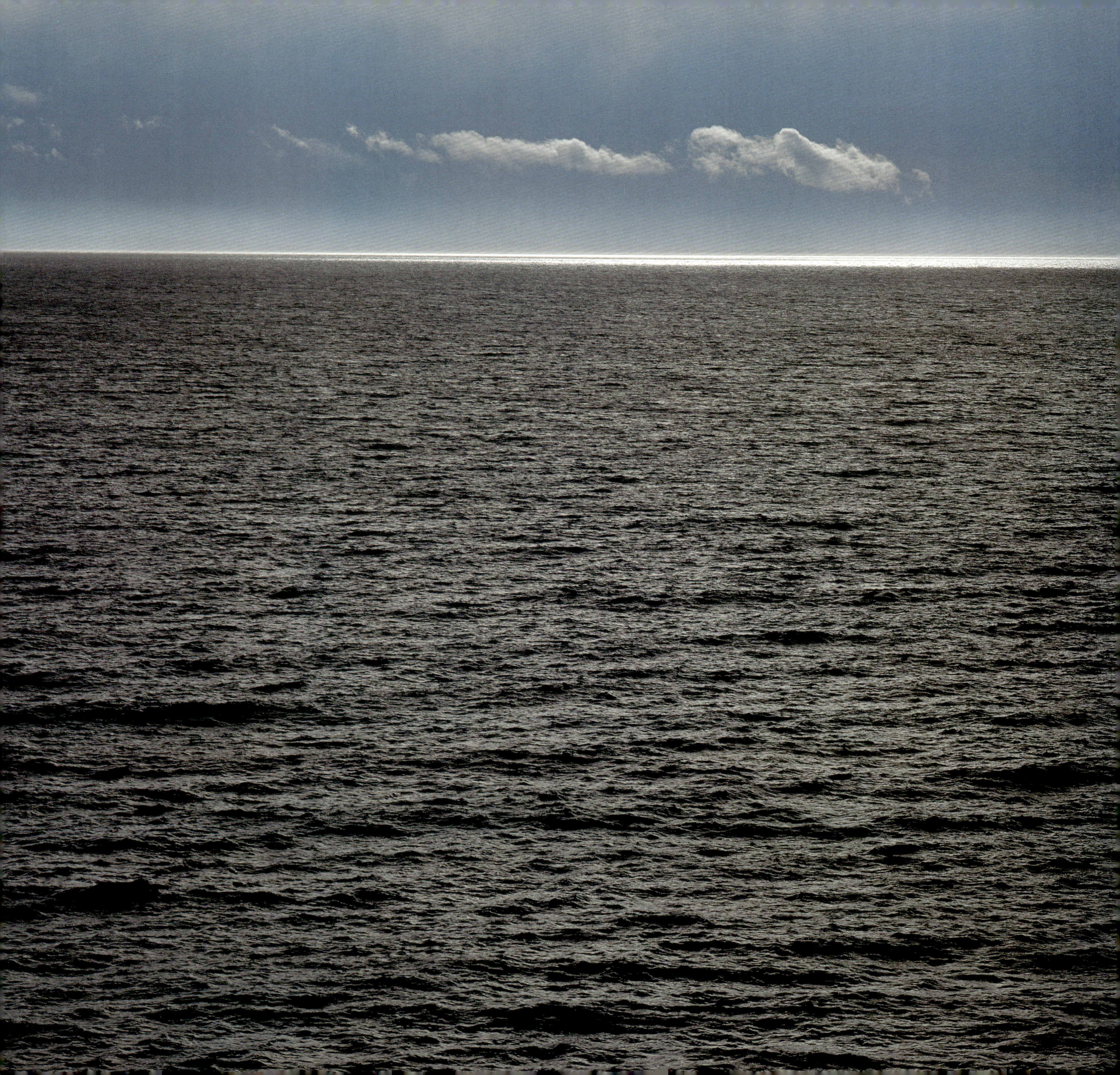

Was du heilst

Was du heilst,
heilt in den Wunden der Welt.
Was du liebst, ist geliebt
unter den Vernachlässigungen
in den vier Himmelsrichtungen.
Was du erhebst,
ist erhoben, von der Erde
bis in den Himmel.
Was du hörst,
gibt dem Sprachlosen Sprache
in den Niederungen des Leids.

Was du allein bist,
bist du mit allen.
Was du wirkst,
wirkt um die ganze Welt.

Keine deiner Handlungen geht verloren,
alles, was du tust,
verändert Fiber und Faser des Seins,
und was in der Welt geschieht,
geschieht an dir.

What you heal

What you heal,
is healed in the wounds of the world.
What you love, is loved
among the neglected
at the four points of the compass.
What you lift up,
is lifted from earth
right into heaven.
What you hear,
gives speech to the speechless,
in the lowlands of suffering.

What you are alone,
you will be with all.
What you do,
affects the whole world.

Not one of your actions is in vain,
everything you do
changes the fibre and structure of being,
and what happens in the world
happens to you.

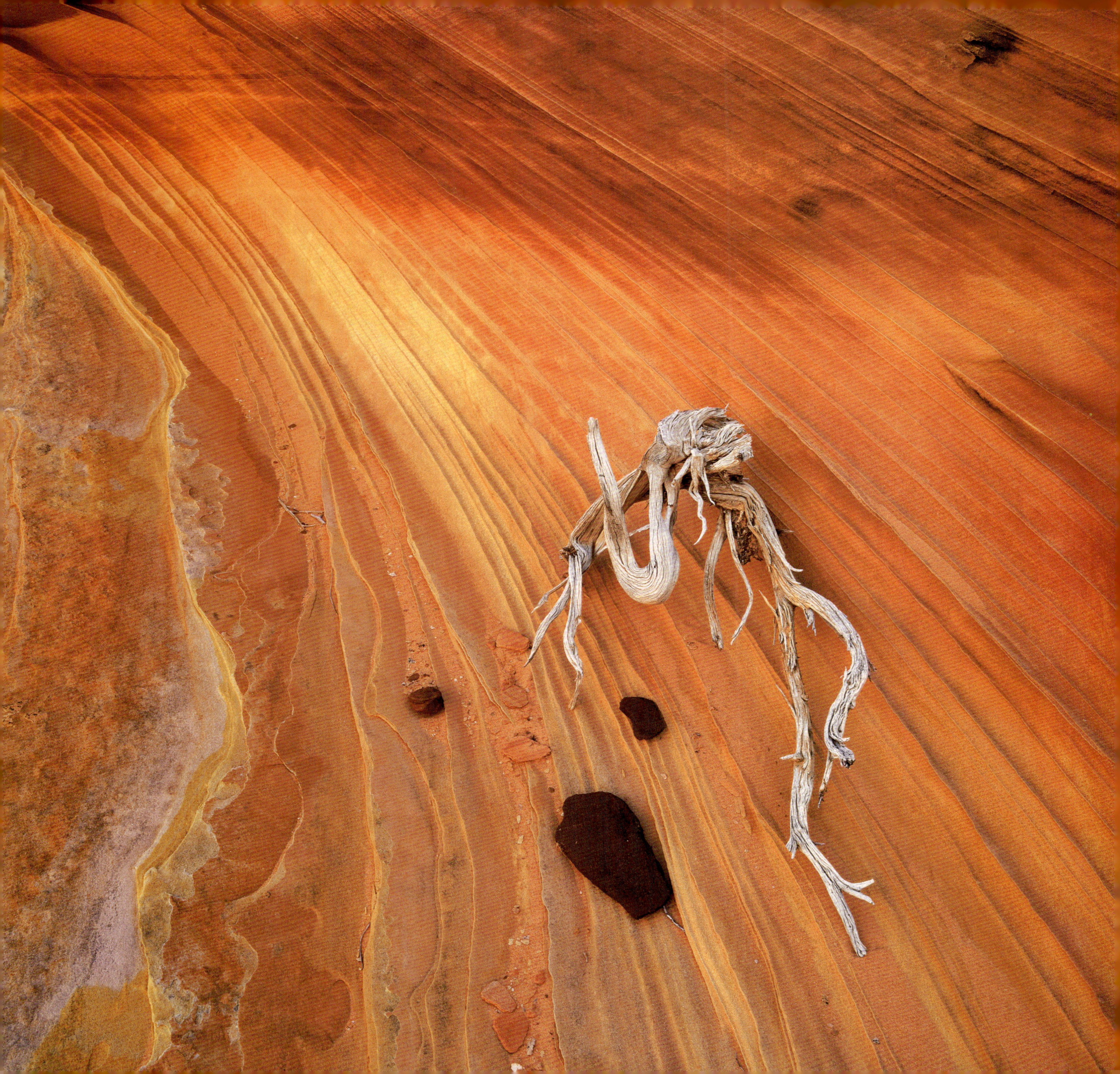

Heimliche Alchemie / Secret Alchemy

Der mittelalterliche Traum, Blei in Gold zu verwandeln, ist noch lebendig unter uns. Trägt nicht ein jeder von uns Vorstellungen von Erneuerung und Transformation in sich? Hoffen wir nicht alle, ein jeder auf seine Weise, auf ein Leben größerer Dichte und tieferer Erfüllung?

Ich glaube an eine Verwandlung, durch die wir mehr und mehr das werden, wozu wir berufen sind. Ich glaube an die Verwandlung des Egoismus in die Fähigkeit, zu teilen und sich mitzufreuen, an die Überwindung der Kleinlichkeit zugunsten einer größeren Weite, und dass das Bedürfnis, auszuschließen, dem Wunsch, einzuschließen, nachgibt. Ich glaube an die stille, heimliche Alchemie, in der wir mit dem Herzen sehen lernen und bei der aus Stein Fleisch wird, aus Macht Hilflosigkeit, aus Angst Mut und aus Gleichgültigkeit Liebe. So gelangen wir tiefer und umfassender in den Besitz unseres Lebens.

Jede Verwandlung ist ein Schritt in eine größere Freiheit. Wir werden hineingeprägt in ein Muster, das viel größer ist als wir, ohne dadurch festgelegt zu werden. Am Ende erkennen wir kaum noch, wer wir selbst einmal waren.

Ein jeder von uns ist das Wunder der Verwandlung wert. Erfinde dich neu. Werde Gold.

The medieval dream of turning lead into gold is still alive among us. Do we not each imagine renewal and transformation? Do we not all hope, each in his and her way, for a life of greater fullness and deeper fulfilment?

I believe in a transformation, in which we become more and more that which is our calling. I believe in the change of egotism into the ability to share and experience joy with one another, in overcoming smallmindedness in favor of a greater bigheartedness, and in replacing the need to exclude with the wish to include. I believe in the quiet and secret alchemy in which we learn to see with our hearts, in which stone is turned into flesh, power into helplessness, fear into courage and indifference into love. That is how we come into possession of our life in a deeper and more meaningful way.

Each transformation is a step into a greater freedom. We become part of a pattern, that is much bigger than we are, without tying us down. In the end we hardly recognize who we once were.

Each one of us is worth the miracle of transformation. Reinvent yourself. Become gold.

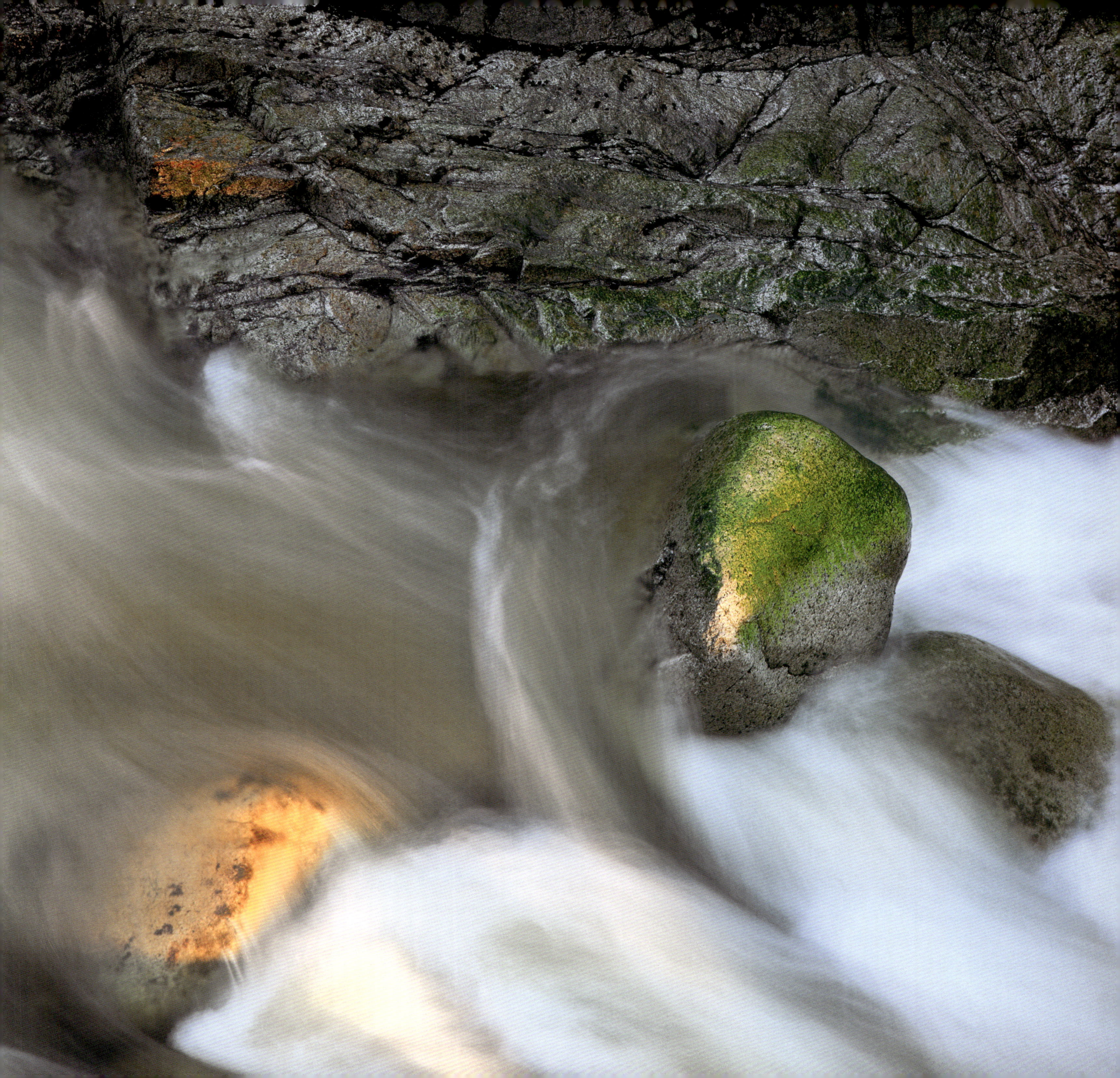

Du bist ein Träumer / You are a dreamer

Du bist ein Träumer,	You are a dreamer,
vielleicht nur in den Verstecken deines Herzens,	perhaps in the hidden recesses of your heart,
schüchtern, zögernd, ängstlich,	perhaps timid, hesitant, afraid,
wie jemand, der zu oft unterdrückt wurde.	like one pushed down too often.
Aber du *bist* ein Träumer,	but you *are* dreamer,
wenn du das ablegst, was man dir getan hat	if you shake off what was done to you
im Namen des Fortschritts,	in the name of progress,
im Namen eines Friedens voller zweifelhafter Kompromisse.	in the name of a sullen peace, full of doubtful compromises.
Etwas von deinem Kind steckt noch in dir.	There is some of your child left in you.
Zapfe die Energie an,	Tap that energy,
begreife, dass Veränderung beginnt, wenn du träumst.	realize that the change begins when you dream.
Alle Veränderung beginnt mit einem Traum.	All change begins with a dream.
Und alle großen Träume beginnen mit dem Wunsch,	And all great dreams begin with the wish
eine bessere Welt zu schaffen.	for a better world.
Nicht zu träumen heißt, dich selbst zu vernachlässigen.	Not to dream, is to neglect yourself.
Hinter alldem steckt nichts weniger	Behind it all is nothing smaller
als der Wunsch, die Welt zu retten,	than your wish to save the world,
einen Himmel für uns zu schaffen	to make into a heaven for us,
und die Hölle der Zerstörung zu überwinden.	to overcome the hell of destruction.
Wie jede Faser unseres Wesens eingestellt ist auf das Überleben,	Like every fibre of our being is geared to survival,
so müssen wir jedes bisschen unserer Seele einsetzen,	so we must engage every wisp of our soul
um eine neue Welt zu schaffen	to create a new world,
aus den Fetzen und der Herrlichkeit der alten.	out of the shreds and glory of the old.
Es ist möglich.	It is possible.
Es ist keine unerreichbare Utopie,	It is not a utopia, that can´t be reached
aber eine berührbare Welt,	but a world that is touchable,
ein grüner Globus, ein aquamarinfarbenes Meer,	a green globe, an aquamarine ocean,
ein Firmament mit Sternen über uns	a firmament of stars above us
und eine Gesellschaft auf Liebe und Fürsorge aufgebaut.	and a society built on love and care.
Dass wir immer weiter darauf hoffen,	That we continue to hope for it,
ist ein Zeichen, dass wir diese Welt bereits in uns tragen.	is a sign, that we already carry this world in us.
Sag jemandem, dass es möglich ist.	Tell someone that it is possible.
Sag es jemandem,	Tell someone,
aber sage es zuerst dir selbst.	but first tell yourself.

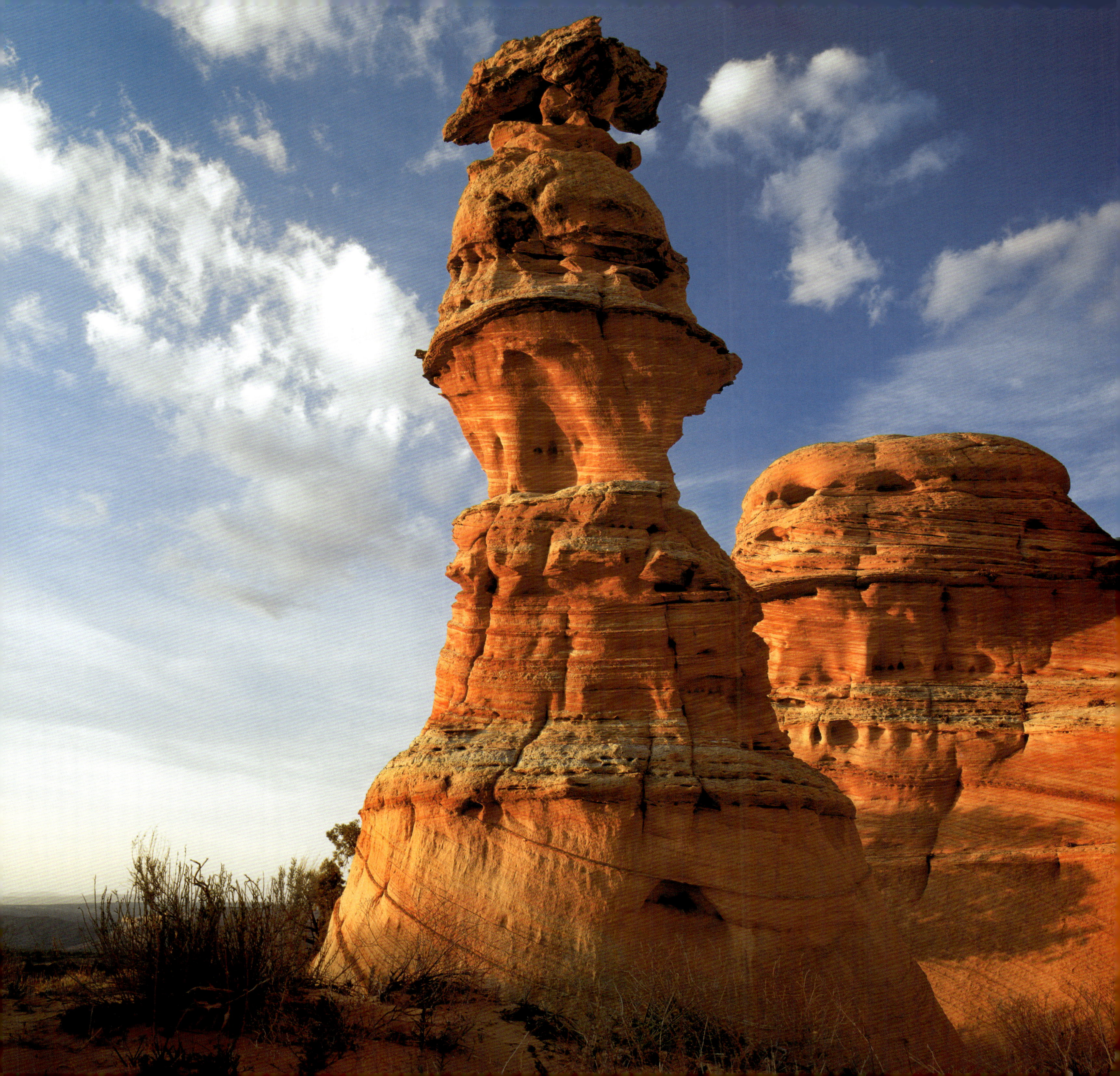

Unsere Fantasie

Wir sind mit einer Fantasie begabt,
die Berge versetzen und das Meer für uns nützlich machen kann.
Mit ihr katapultieren wir uns in das Innere eines Atoms
und in Welten, Millionen von Lichtjahren entfernt.
Sie ist das mächstigste Werkzug, das wir besitzen.
Sie hat keine Breite, Länge und Höhe,
sie ist nicht begrenzt, beschränkt oder endlich,
sie ist Ausdruck unserer inneren Endlosigkeit.
Sie ist ein Universum im Universum, wie wir es sind.
Die Fantasie ist der Brennpunkt
inmitten einer unglaublichen Vielfalt.
Wenn wir leben, dann finden wir dort statt.

Träumst du eine Welt mit mir,
in der wir unsere Fantasie als Segen einsetzen
und nicht als Fluch?
Können wir Seele und Geist aufbauen,
ohne es auf Kosten der Seele der Welt zu tun?
Forderst du mich heraus, achtsamer zu sein,
so wie ich dich, Bruder und Schwester, herausfordere,
die vielen Formen des Leben in dieser Welt zu erhalten?

Lasst uns finden, was uns sanft und sorgfältig
im Umgang mit unserem blutenden Planeten macht.
Lasst uns einander unterstützen und herausfordern,
das zu entdecken, was uns ganz und gesund macht,
in dieser dünnen Lufthülle
um eine kleine schwirrende Welt,
von einer durchschnittlichen Sonne erleuchtet,
drei Viertel zum Rand einer Milchstraße.
Vielleicht kennt niemand dort draußen
diesen fliegenden Felsen im Weltraum,
aber für uns ist er das Zuhause.

Lasst uns jede Handlung, die Leben fördert, loben,
auch wenn sie unscheinbar und leicht zu übersehen ist.
Wir wollen uns den Aufgaben widmen,
die den Planeten ehren, seine Schönheit und seine Härte.
Wir wollen wagen, schwach und verletzbar zu wirken,
weil wir die Welt mit einer Unauslöschlichkeit lieben,
die auch noch die dunkelsten Ecken des Planeten erleuchtet.
Wir wollen versprechen, der Mutter Erde treu zu sein,
auch wenn es unbequem ist.
Wir wollen großzügig und geräumig denken,
sodass alles in unserem Denken
Platz hat, zu wachsen und zu reifen.

Our Imagination

We have been given an imagination,
that can move mountains and harness the sea.
With it we can propel ourselves to the inside of an atom
and into strange worlds millions of lightyears away.
It is the most powerful tool we own.
It has no breadth, length or height,
it is not limited, restricted, or finite,
it reflects our own inner endlessness.
It is a universe inside the universe, like we are.
The imagination is a focal point
in the midst of unbelievable diversity.
If we are alive, that is where we take place.

Will you dream a world with me,
in which we use our imagination as a blessing
and not as a curse?
Can we build up our souls and spirits,
but not at the expense of the soul and spirit of the world?
Will you challenge me to be more observant,
as I challenge you to be brother and sister
to the many life forms of this world?

Let us find what makes us gentle
and caring with our bleeding planet.
Let us nurture and challenge each other
to discover what is whole and healing
in this thin envelope of air,
around a tiny whirring world,
lit by an average sun,
three quarters of the way to the outside of a galaxy.
Perhaps no one out there knows
this flying boulder in space,
but we call it home.

Let us praise each action that furthers life,
be it insignificant and easily missed.
Let us dedicate ourselves to the tasks
that will honor and uplift the beauty and the harshness of our planet.
Let us run the risk of appearing weak and vulnerable
because we love the world with an incandescence
that lights up the darkest corners of the planet.
Let us vow to be loyal to our mother the earth,
even if it seems inconvenient.
Let us dedicate ourselves to a generosity
and spaciousness of thinking,
in which everything has room to grow and mature.

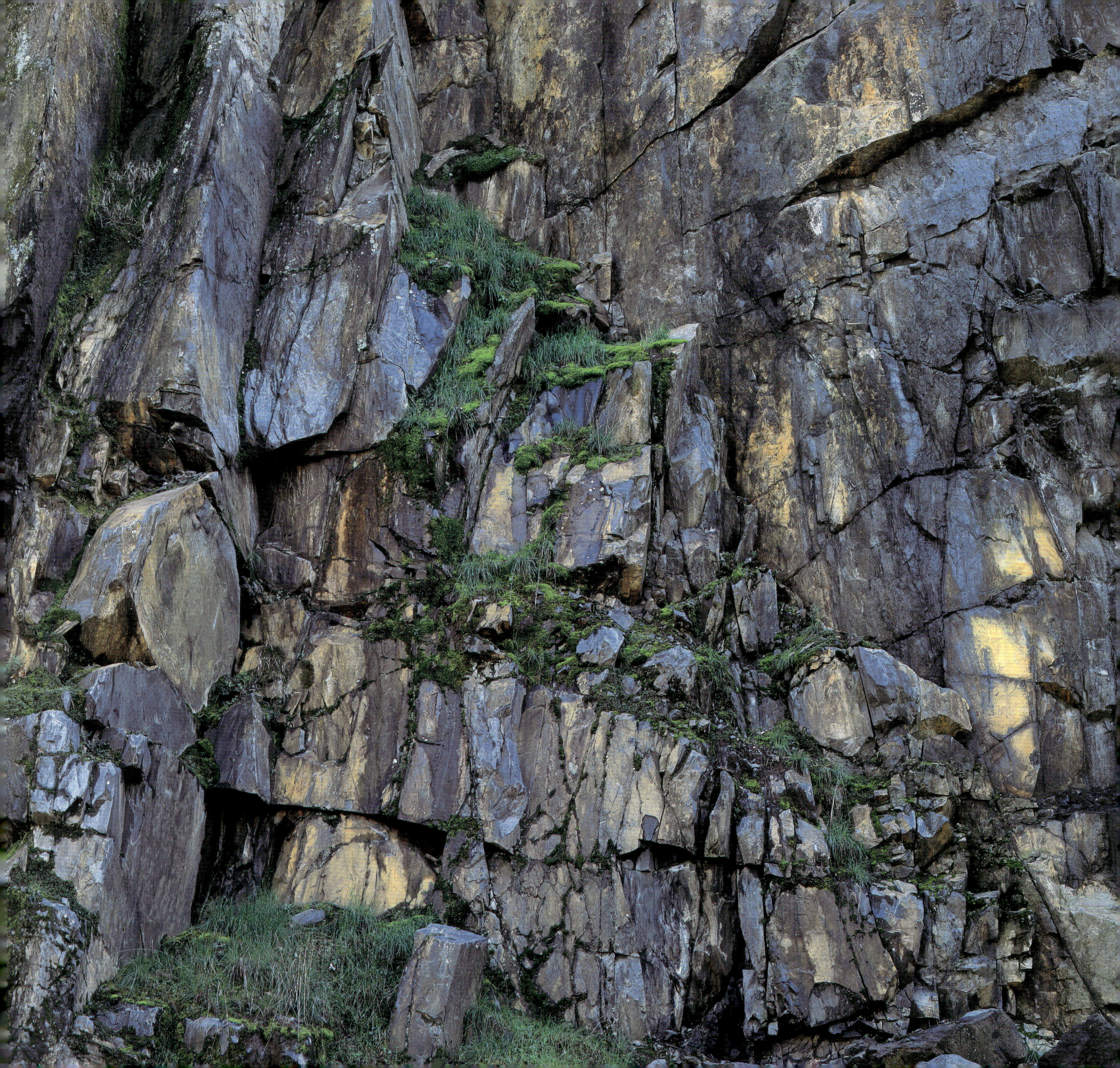

Hoffnung / Hope

Ich möchte durch die Hoffnung beschrieben werden,	I want to be defined by hope,
wie eine Geschichte, in der keine Niederlage endgültig ist.	like a story in which no defeat is ever final.
Ich wünsche, von der Hoffnung verwandelt zu werden,	I wish to be transformed by hope
in der scheinbar hoffnungslosen Lage der Welt.	before the seemingly hopeless situation of the world.
Ich möchte von der Hoffnung überwältigt werden,	I want to be overcome by hope
wenn ich wieder einmal an der Kraft des Lebens zweifle.	when once again I doubt the power of life.
Ich möchte von der Hoffnung her beraten,	I want to consult from a place of hope,
weil ich die endlosen Möglichkeiten sehe, die nur der Glaube sieht.	seeing the endless possibilities that only faith sees.
Ich will in die Hoffnung eingegraben beten	I will pray entrenched in hope,
und den Himmel herunterziehen und die Welt erneuern.	pulling heaven down and renewing the world.
Ich will unterwegs sein wie jemand, der nicht an den Verfall des Weges glaubt.	I want to walk like one who does not believe in the deterioration of the path.
Ich will aufmerksam sein auf die Chancen, die die Hoffnung schafft, und nicht verzweifeln.	I want to be aware of the chances hope creates and not despair.
Ich will das Skelett der Hoffnung unter dem schwachen Fleisch spüren.	I want to sense the skeleton of hope under weak flesh.
Und wenn alle Wege nirgendwohin zu führen scheinen und der Moment der Wahrheit gekommen ist, dann werde ich zu der kleinen inneren Stimme zurückkehren, die wählt, wie sie die Welt sieht und wie sie antworten will.	And when all paths lead nowhere, and the moment of truth has come, I will return to that small inner voice, that chooses how it will see the world and how it will respond.
Und in der Mitte der Verzweiflung werde ich die Hoffnung wählen, weil Hoffnung meine Seele bedeckt und meinen Geist befähigt. Ich weiß, dass die Hoffnung mich fliegen lässt, trotz allen Unheils, das mir zustoßen mag. So werde ich zum Leben beitragen, sogar in meiner langsamen Auflösung.	And I will choose hope in the midst of despair because hope covers my soul and enables my spirit. I know that hope will make me soar in spite of the disasters that may befall me. That is how I will contribute to life, even in my slow dissolution.

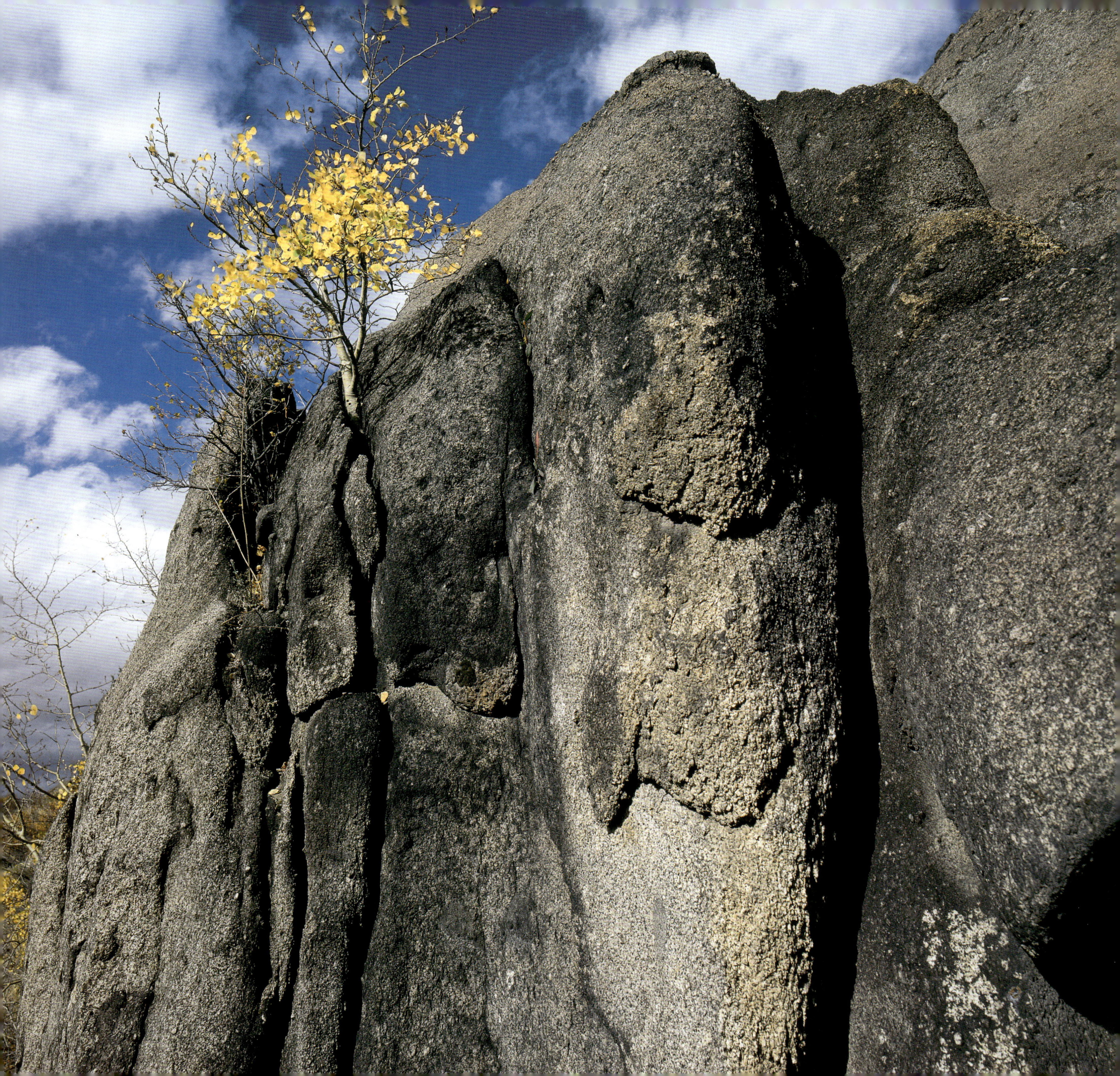

Mein auberginenvioletter Mut

Ich trage bei zur Buntheit der Welt:
mit meiner roten Angst
und meiner blauen Liebe zum Meer,
mit meinem auberginenvioletten Mut
und meiner dünnen rosarotbraunen Haut,
mit der grauen Sehnsucht in meinen Haaren,
mit den Sonnenblumen meiner gelben Zweckfreiheit
und dem kiefernborkenfarbenen Stamm meiner Stimme,
mit meiner dunkelgrünen Ergebenheit,
mit meinem mal roten, mal blauen,
mal durchsichtigen Blut,
mit meinen rauchgrauen Engelsflügeln
und meiner silberfarbenen Seele an ihrer goldenen Schnur,
mit den grünen Farnen meiner Meinungen
und der weichen Avocado meines Herzens
und meinen aprikosig verbrannten Sommerhänden,
mit meinem unbehandschuhten lila Glauben,
mit dem rostfreien Wecker meiner Wachsamkeit
und der pflaumenfarbenen Erkenntnis der Wahrheit,
mit den schwarzroten Kirschen meiner Zuwendung
und meiner hyazinthenen Zurückgezogenheit,
mit den schokoladenbraunen Felswänden meiner inneren Ruhe,
mit dem Rendezvous-Rot meiner Schmerzen
und meiner zimtenen Wehmut,
mit meiner schmetterlingsgelben Fahrigkeit
und mit meiner Entschiedenheit, die mal kobaltblau,
mal fliederfarben und mal verwegen orange aussieht,
mit meinem regenwaldgrünen Durchhaltevermögen.

Das sind nur einige meiner vielen Farben.
In jedem Pixel stecke ich ganz,
rein, aber für das Auge vermischbar.
An keinem Tag bin ich nur blau, nur rot
nur gelb, nur alt, nur gerecht, nur gut,
nur gemein, nur gläubig,
nur frei.
Ich bin ein buntes Gemisch.
Wie die Welt.
Wie du.

With my egg-plant-purple courage

I contribute to the colors of the world:
with my red fear,
with my blue love for the ocean,
with my egg-plant-purple courage
and my thin pink-brown skin,
with the grey yearning in my hair,
with the sunflowers of my yellow purposelessness,
with the pine-bark-colored trunk of my voice,
with my darkgreen devotion,
with my at times red, at times blue,
at other times transparent blood,
with my smoke-grey angel wings,
with my silver-colored soul on its golden thread,
with the green ferns of my opinions,
and the soft avocado of my heart,
with my apricot-colored burned summer hands,
with my gloveless purple faith,
with the rustfree alarm clock of my wakefulness,
with the plum-colored realization of the truth,
with the black-red cherries of my attention,
with my hyacinthian seclusion,
with the chocolate brown rockwalls of my inner peace,
with the rendezvous-red of my pain,
and my cinnamon melancholy,
with my butterfly-yellow nervousness,
with my decisiveness, which can be cobalt blue
lilac-purple or audacious orange,
with my rainforestgreen endurance.

Those are only a few of my many colors.
I am totally present in each pixel,
pure, but ready to be mixed by the eye.
I am never only blue, only red,
only yellow, only old, only just, only good,
only mean, only faithful,
only free.
I am a colorful mixture.
Like the world.
Like you.

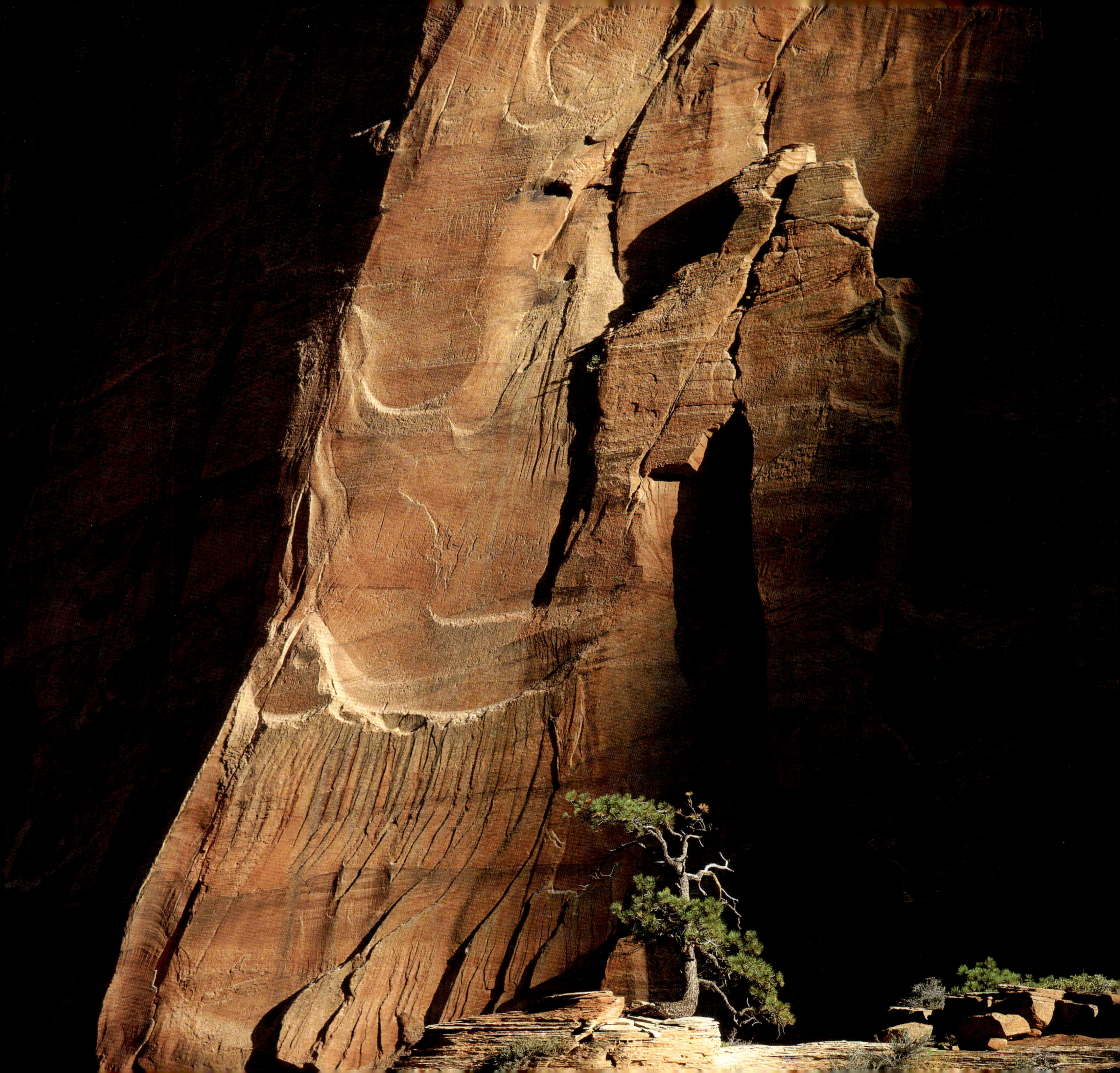

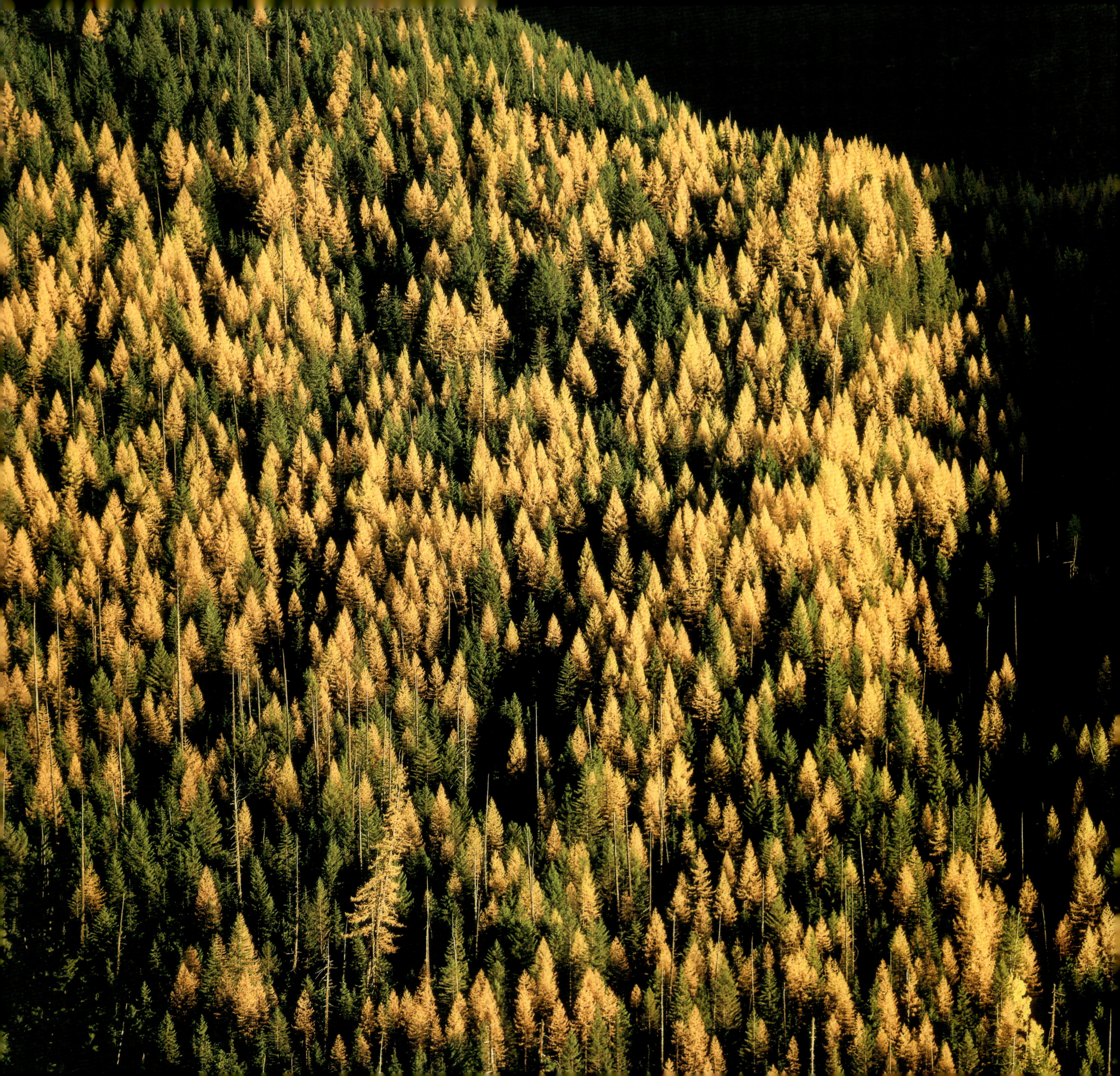

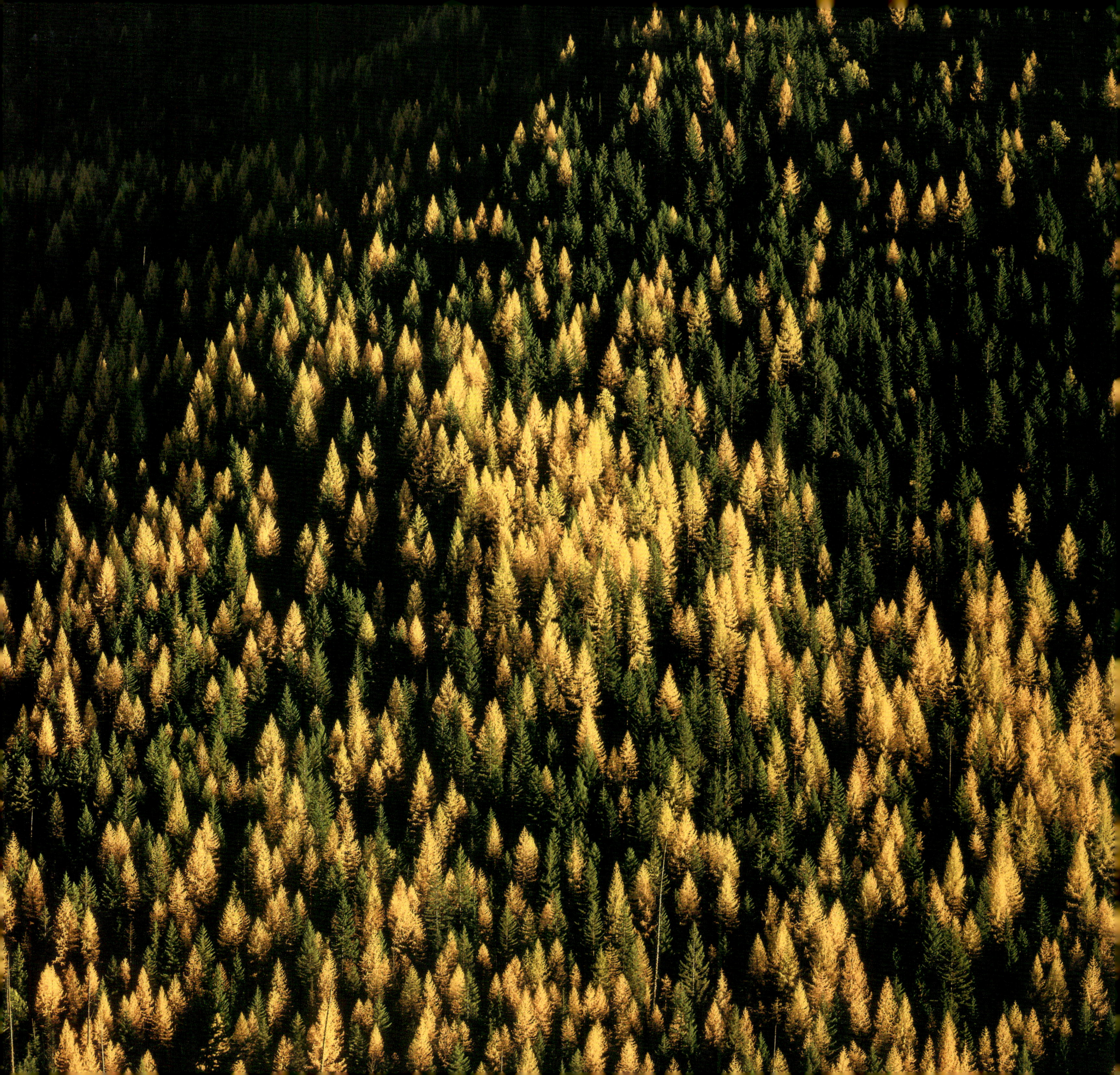

Die Welt beginnt in uns

Einem tiefen Gesetz entsprechend
werden wir zu dem, was wir ansehen.
Wir werden das, was wir denken.
Wir werden uns glauben, was wir sagen.
Wir werden uns beweisen, dass stimmt, was wir glauben.
Wir werden hören, was wir erwarten zu hören.
Wir werden entweder verneinen, verachten und verdammen,
was wir nicht verstehen,
oder davon herausgefordert, angezogen und fasziniert sein,
entsprechend der Haltung, die wir in uns eingenommen haben.
Wir werden tun, was wir als wichtig ansehen:
vernachlässigen oder lieben,
ermuntern oder entmutigen,
handeln oder nur hinnehmen,
hoffen oder verachten.
Unsere äußeren Erfahrungen
spiegeln unsere inneren Einstellungen.

Die Welt, die wir um uns sehen, beginnt in uns,
in den Dingen, die wir glauben und wertschätzen.
Wir leben von innen nach außen.
Darum wollen wir unsere Fantasie wie heiligen Boden betrachten
und uns den Lebensenergien widmen.
Dann wird auch von uns Kraft ausgehen,
die erneuert, was verletzt wurde.

Nicht was wir besitzen, aber was wir lieben können,
nicht was wir ausnutzen, aber was wir fördern können,
nicht was wir brauchen, aber was uns braucht,
wird uns reich machen.
Nicht was wir begreifen können, aber was darüber hinausgeht,
nicht was wir manipulieren können, aber was uns noch berührt,
nicht was wir aufbewahrt haben, aber das, was uns lebendig macht,
wird der zeitlose Schatz in unserem Inneren sein.

The world begins in us

According to a deep law
we will turn into that which we look at.
We will become what we think.
We will believe what we say.
We will prove to ourselves, that what we believe is true.
We will hear, what we expect to hear.
We will either negate, despise, and damn
what we do not understand,
or be challenged, intrigued, and fascinated by it,
all according to the approach we have chosen inside of us.
We will do what we believe to be important:
neglect or love,
encourage or discourage,
act or become victim,
hope or despise.
Our external experiences
reflect our inner attitudes.

The world we see around us, begins inside of us,
in the things we believe in and value.
We live from the inside to the outside.
Let us look at our imagination as holy ground,
let us devote it to the energies of life,
and energy will flow from us
and regenerate that which was harmed.

Not what we can own, but what we can love,
not what we can exploit, but what we can nurture,
not what we need, but what needs us,
will make us rich.
Not what we can grasp, but what exceeds our grasp,
not what we can manipulate, but what still moves us,
not what we have stored away, but what makes us alive
will be the timeless treasure inside of us.

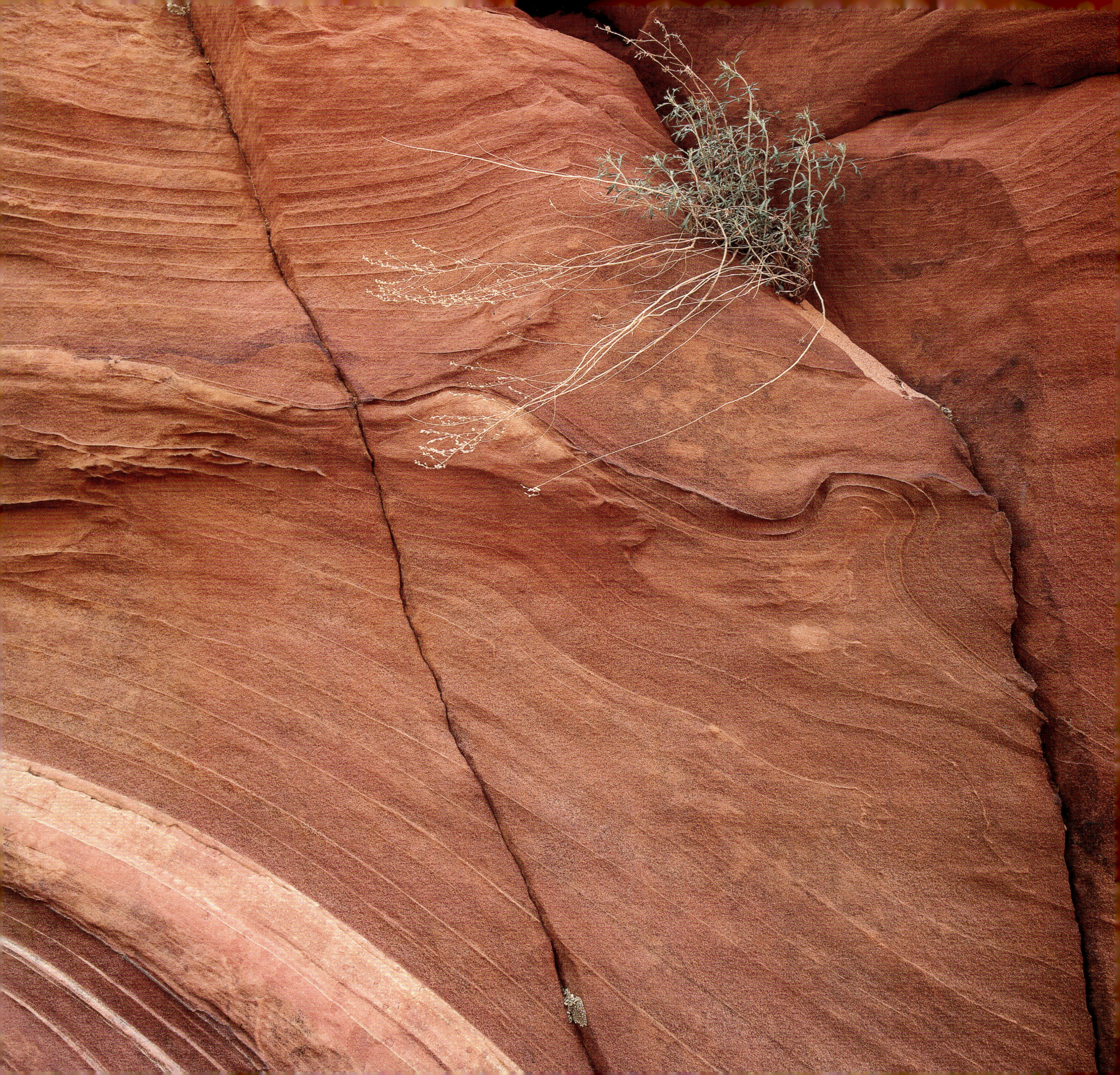

Ich träume den großen Traum / I am dreaming the great dream

Ich träume den großen Traum von dem Land ohne Grenzen, ohne Mauern, die mit Gewalt erhalten werden, ohne Uniformen, die Angst machen, ohne Kontrollen, bei denen man zittern muss.	I am dreaming the great dream of a country without borders, without walls, that are maintained through force, without uniforms that frighten, without controls causing us to tremble.

Ich träume den großen Traum
von dem Land ohne Grenzen,
ohne Mauern, die mit Gewalt erhalten werden,
ohne Uniformen, die Angst machen,
ohne Kontrollen, bei denen man zittern muss.

Ich stelle mir vor, dass alle Schilder,
die mich warnen, dass ich ein Land
oder einen Ort verlasse, unnötig sind,
weil ich auf neue Menschen zugehe,
unter denen ich auch wieder Freunde finden werde.

Ich stelle mir vor, dass Steine zurückkehren
an ihre ursprünglichen Orte
und sich nicht vermauern lassen
zu Barrikaden und Blockaden,
die Zustände des Todes erhalten.
Ich träume von Beton, der zu Sand wird
und aus den Mauern, die er bildet, davonfließt.

Ich träume von einer Welt
ohne Brutalität und Vergewaltigung
des Körpers, der Seele oder des Geistes.
Ich träume von einer Empfindsamkeit,
in der Brutalität auf sich selbst aufmerksam wird,
weil sie herausfällt aus dem Rahmen der Liebe
und des Lebensförderlichen.

Ich träume von Menschen,
die einander nicht bestrafen
für andere Ansichten und Lebensstile,
sondern staunend versuchen,
die Andersartigkeit des andern zu begreifen.

Ich träume von Menschen,
die einander in die Augen sehen
und sich Schwester und Bruder nennen,
auch wenn sie sich nicht kennen.

Ich stelle mir Gärten vor, wo jetzt Kontrollstellen stehen,
und Wiesen, wo jetzt Niemandsland ist.
Ich träume davon, dass es keine Fabriken mehr gibt,
die Stacheldraht für Menschen machen.

Ich träume von freien Wahlen in jedem Land der Erde,
von dem Austausch von Ideen,
sodass keiner mehr sein Blut fließen lassen muss,
um frei zu denken und seine Gedanken zu äußern.
Ich träume von der aufbauenden Freiheit des Geistes
und von der Ausbreitung der Liebe.

I am dreaming the great dream
of a country without borders,
without walls, that are maintained through force,
without uniforms that frighten,
without controls causing us to tremble.

I imagine that all signs
that warn me, that I am leaving a country
or a place, become unnecessary,
because I am approaching new people
among whom I will find friends again.

I imagine stones returning
to their original places,
refusing to be used in the building
of blockades and barricades,
that maintain conditions of death.
I dream of concrete turning to sand,
flowing away and dissolving the walls it constitutes.

I dream of a world
without brutality and rape
of body, soul and mind.
I dream of a sensibility,
in which brutality becomes aware of itself,
because it collides with love
and everything that furthers life.

I dream of people
who do not punish each other
for having different opinions,
but who in amazement try to understand
the uniqueness of the other.

I dream of people
that look into each others´ eyes
and call each other brother and sister,
even though they do not know each other.

I imagine gardens, where now there are control booths,
and meadows, where now there is no man´s land.
I dream that there are no more factories
that make barbed wire for people.

I dream of free elections in every country in the world
I dream of an exchange of ideas,
so that no one´s blood has to be spilled
in order to think freely and to share thoughts.
I dream of the constructive freedom of the spirit
and of the spread of love.

Ich stelle mir vor,	I imagine
dass Minen nur noch in Museen zu finden sind,	that landmines will only be found in museums,
mit erklärenden Aufschriften	with captions explaining
über die Kurzsichtigkeit der Menschen in alten Zeiten,	the shortsightedness of people of old times,
als Minen noch gebraucht wurden,	when mines were used,
um Menschen in die Luft zu sprengen.	to blow up people.
Ich träume von einer Einstellung unter uns,	I dream of an attitude among us,
bei der Feindschaft verpönt ist	where enmity does not have a place any longer,
und es keine Denkmäler mehr gibt	and monuments are no longer erected
für die Helden aus Kriegen.	for the heroes in wars.
Ich träume von Zeiten, wo wir begreifen,	I dream of times, when we will realize,
dass wir uns selbst immer ein Stück mit töten,	that we are always killing a part of ourselves
wenn wir einander töten.	when we kill each other.
Ich träume davon, dass in Zukunft	I dream of a future
Sanftmut die Einstellung auf der Erde sein wird,	in which gentleness will be the attitude
die unser Handeln bestimmt und bewegt,	that moves and determines our actions,
weil wir begriffen haben, dass Gewalt nur zerstört.	because we will have recognized, that power destroys.
Ich träume von Ländern,	I am dreaming of countries,
die ihre Rüstungsmilliarden ausgeben,	who now give the billions they spend on armaments
um mit den Ländern, die sie früher ausgebeutet haben,	to the countries they once exploited,
partnerschaftlich umzugehen.	to now live in partnership with them.
Ich träume, dass Aufrüstung nicht mehr nötig ist –	I dream of the day when we will no longer arm ourselves
jeden Tag sterben Tausende daran,	because thousands die daily of this waste,
auch wenn die geplanten Waffen nicht gebraucht werden.	even if the weapons are never used.
Auch ich stelle mir eine klassenlose Gesellschaft vor,	I also imagine a classless society,
in der nicht der Besitz von Gütern,	in which not possessions,
nicht Verbindungen oder Intelligenz,	connections and intelligence,
nicht Beruf und Stand den Wert eines Menschen bestimmen,	nor profession or standing determine the value of a person,
sondern Leben gleich Leben ist	but in which life equals life
und alle wertvoll und zu schützen sind.	and each one is valuable and worth protecting.
Ich stelle mir eine Zeit vor,	I imagine a time,
in der wir die Unterteilung nach Rassen,	in which we will overcome the separation by race,
Nationalitäten und Ideologien überwinden	nationality and ideology
und jeden Menschen als Menschen sehen,	and see each human as a human being,
als biologisches, psychologisches und spirituelles Wunder,	as biological, psychological and spiritual miracle,
und einander in unserer Mitmenschlichkeit feiern.	in order to celebrate our humanity with one another.
Ich träume davon, dass ich überall Heimat finde,	I dream of finding a home everywhere,
weil ich ein Zuhause in den Herzen meiner Mitmenschen habe.	because I am at home in the heart of my fellow human.
Ich werde reifen und wachsen,	I will grow and mature inside
sodass ich auch die, die ich nicht verstehe,	and accept those into my life
in mir aufnehmen kann,	that I cannot understand,
weil sie zu der grenzenlosen Schöpfung gehören,	because they are part of the endless creation,
so wie ich.	like I am.

Leicht wie Luft / Light as air

Beim Blick zurück
When looking back
ist oft wenig zu sehen.
there is often little to see.
Das Dramatische geschieht im Leben anderer,
The dramatic happens in other lives,
an anderen Orten.
other places.

Dein und mein Leben
Your life and mine
findet selten in Schlagzeilen statt,
does not take place in headlines,
nicht in Rekorden oder großen Bewegungen,
not in records and large movements,
und nicht in lauten Rufen und dem großen Glück.
not in loud calls and great good fortune.

Oft ereignet es sich unerkannt
It often happens unrecognized
in deiner Hand, die das Glas Wasser hält,
in your hand holding the glass of water,
in dem Schweigen mit einem Freund,
in the silence with a friend,
im sanften Licht an meinem Frühstückstisch,
in the gentle light on my breakfast table,
in einer leuchtenden Erinnerung,
in a shining memory,
einem neuen Ausblick für die Zukunft,
in a new outlook on the future,
im Schmetterling auf dem Handrücken.
in a butterfly on the back of the hand.
In dem wenigen liegt versteckt oft das Ganze.
Often the significant hides in that which is small.

Das Leben liegt leicht wie Luft
Life lies light as air
in den Händen der Aufmerksamen.
in the hands of the attentive.

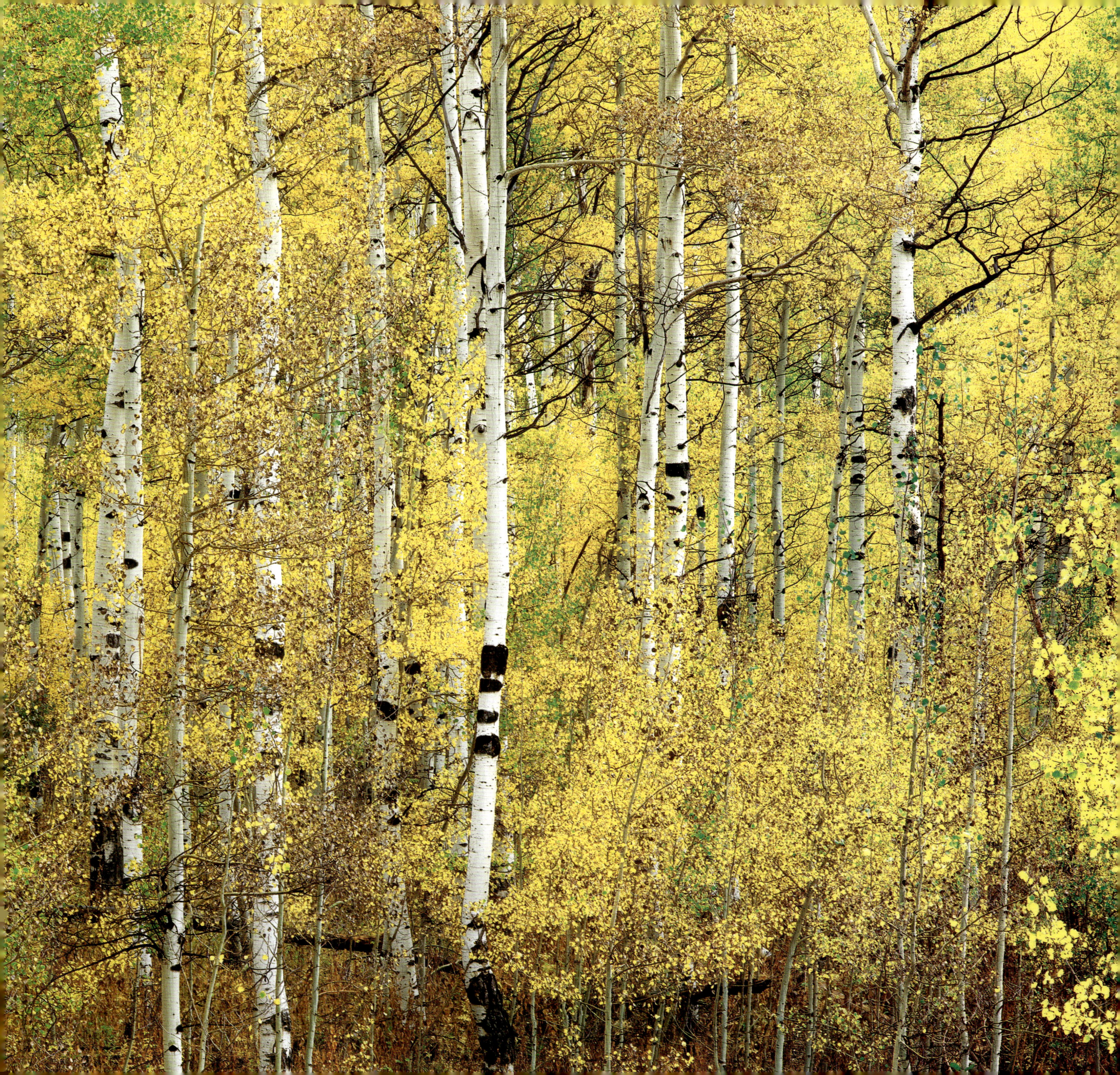

Ein Schlüssel

Wir leben in einem Gedanken,
der die Welt zerstören oder emporheben kann.
Wir beten mit einem Eifer, den sonst nur Heilige fühlen.
Wir essen mit einem Appetit, als verschlängen wir die Welt.
Wir spielen mit der Selbstvergessenheit, die wir als Kinder hatten.
Wir schlafen, als würde Gott seine Hand wie ein Bett unter uns halten.
Wir gehen mit der Sicherheit, dass jedes Ziel erreichbar ist.
Wir reden, als ob die Weisheit selbst
uns das Sprechen beigebracht hätte.

Haben wir noch genug Leben übrig,
um es mit denen zu teilen,
deren Welt langsam zerstört wird?
Tragen wir einen Eifer in uns,
um in denen ein Feuer zu entfachen,
denen schon seit Jahrzehnten nicht mehr warm war?
Haben wir genug Appetit auf Gerechtigkeit,
um das Leben der ungerecht Behandelten zu teilen?
Gibt es ein Spiel, bei dem jeder mitspielen darf,
und das nicht bestimmt ist von Vorrechten,
die wir festhalten wie uralten Besitz?
Wagen wir Schlaflosigkeit, um das Leben derer zu teilen,
deren Alpträume überlebensgroß sind?
Erlauben wir denen,
die sich verloren haben, ohne es zu merken,
uns auf unseren Spaziergängen zu begleiten?

Wir können uns selbst nicht retten
ohne zu versuchen, die Welt zu retten.
Der Schlüssel zur Rettung unserer Seele liegt in der Welt,
und der Schlüssel zur Welt ist in unserer Seele.

A key

We inhabit a thought
that can crush or uplift the world.
We pray with the fervor normally felt only by saints.
We eat with the appetite of one devouring the world.
We play with the abandon that we had as children.
We sleep as though god´s hand were cupped under us like a bed.
We walk with the assurance that every goal can be reached.
We talk as though wisdom itself
had taught us to speak.

Is there enough life left in us
to share with those,
whose world is slowly being destroyed?
Do we carry a fervor in us
to start a fire inside of those,
who have not felt warm for decades?
Is there enough appetite for justice
to share the lives of those unjustly treated?
Is there a game that everyone can play
and that is not guided by privileges
that we cling to like to ancient possessions?
Will we risk insomnia to share life with those,
whose nightmares are larger than life?
Will we allow those
who have lost their way without knowing it,
to accompany us on our walks?

We cannot save ourselves
without trying to save the world.
The key to saving our souls lies in the world,
and the key to the world is in our soul.

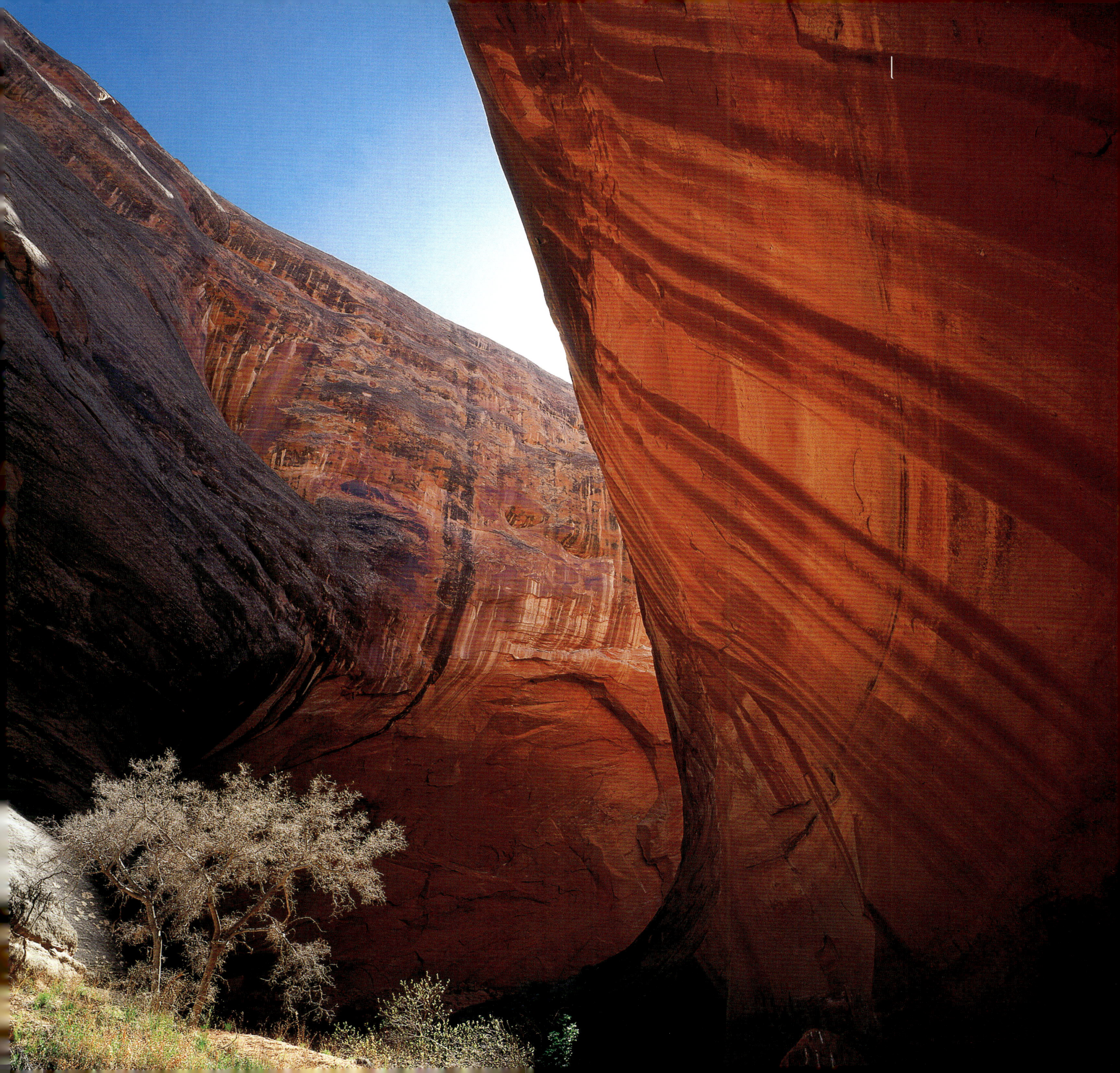

Der Ruf an uns / The call to us

In uns / In us,
will die Erde / the earth
sich ins Leben rufen, / calls itself into life,
wie sie es seit Jahrtausenden getan hat. / like it has done for millennia.
Sie wünscht sich uns / It wishes us to be its brothers and sisters.
als Schwestern und Brüder.
Der einzelne Baum mit seiner Krone / The solitary tree with its crown
spricht durch das Gewirr unserer Gedanken / speaks to us
zu uns, stark und weise. / through the confusion of our thoughts.
It is strong and wise.
Die Steine lehren uns Schwere, / The boulders teach us heaviness,
die wir nicht wahrhaben wollen, / which we don´t want to admit,
auch wenn wir sie kennen / even though we have known it
seit dem ersten Moment unseres Lebens. / from the first moments of our life.
Das Himmelsblau erinnert uns / The sky blue reminds us
an die Freiheit inmitten der Zwänge. / of the freedom in the midst of pressure.
Die ganze Erde lädt uns ein zu dem Fest, / The whole earth invites us to the celebration,
bei dem wir Gastgeber und Gäste sind. / in which we are guests and hosts.

Es gibt nichts außerhalb von uns, / There is nothing outside of us,
was wir nicht auch in uns tragen, / that we don't also carry in ourselves,
weil wir Fleisch vom Fleisch der Welt sind, / because we are flesh of the flesh of the world,
Gras vom Gras der Steppen, / grass of the grass of the steppes,
Wasser vom Wasser der Ströme und Meere / water of the water in rivers and oceans
und Geist von dem Geist über den Wassern. / and spirit of the spirit over the waters.

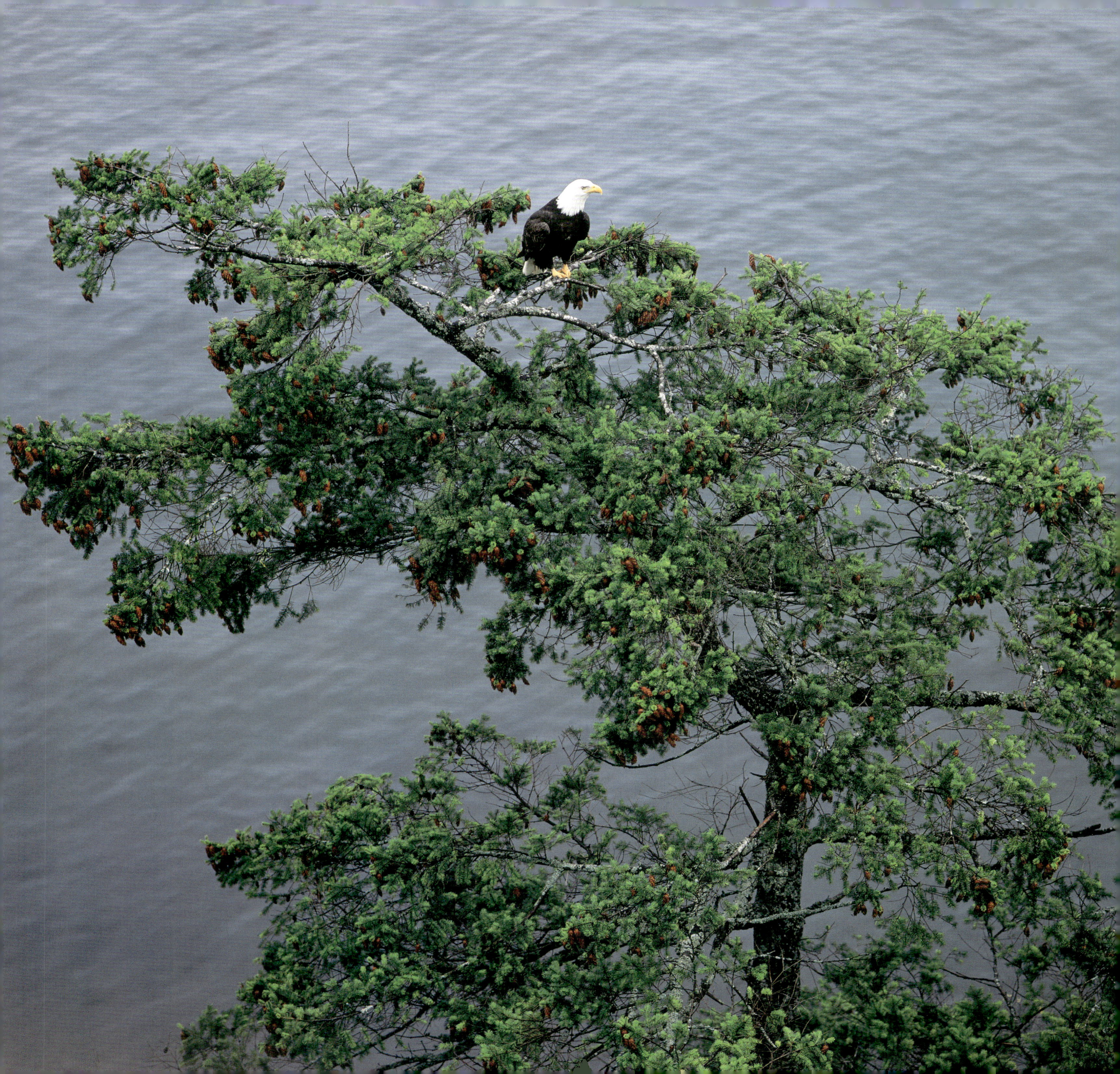

Eine besondere Frucht

Wir suchen nach einer Art zu fragen,
in der sich nicht unglaubwürdige Antworten auftun,
sondern Fragen, die uns in ihrer Tiefe Glück bedeuten,
als wäre man in einem vertrauten Wald
auf einen ungewöhnlichen Baum gestoßen,
mit einer Frucht, die man noch nie gesehen hat,
die rotgolden ist und wunderbar schmeckt.

Aber niemand weiß,
ob die Frucht dieses Baumes uns nährt
und vielleicht sogar Mittel ist
gegen jede Krankheit, die noch kommen mag,
oder ob wir an ihr hinübersterben
in ein neues, tieferes Leben,
von dem wir nichts wussten.

Vielleicht ist es die Suche selbst,
mit ihrer Demut und Beharrlichkeit,
nicht ihre Ziele,
die Antwort ist auf das, was uns umtreibt.
So halten wir noch Türen offen,
durch die wir zueinander gelangen können.
So können wir noch lernen.

A special fruit

We are looking for a way of asking questions,
which does not give rise to unbelievable answers,
but to more questions, which in their depth
bring us happiness.
It is as though one came across an unusual tree
in a familiar forest,
whose fruit was a golden red and tasted wonderful.

But no one knows
if the fruit is nourishing
and perhaps even a cure
against all the illnesses, that might yet come,
or if it will cause us
to die across to a new and deeper life,
of which we knew nothing.

Perhaps it is the search itself,
with its humility and persistence,
not its goals,
that is the answer to our restlessness.
That is how we keep doors open,
through which we can reach one another.
That is how we can still learn.

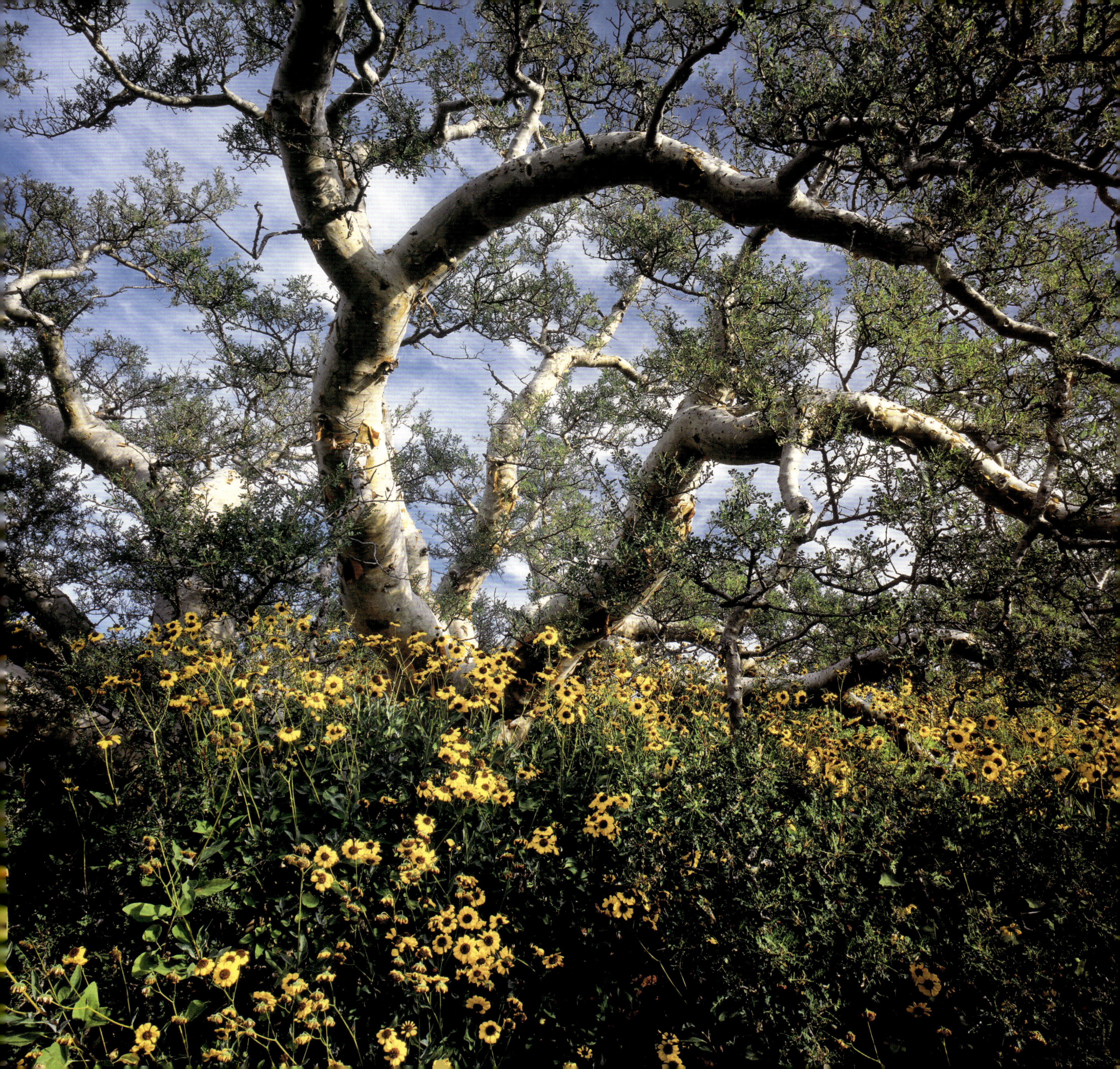

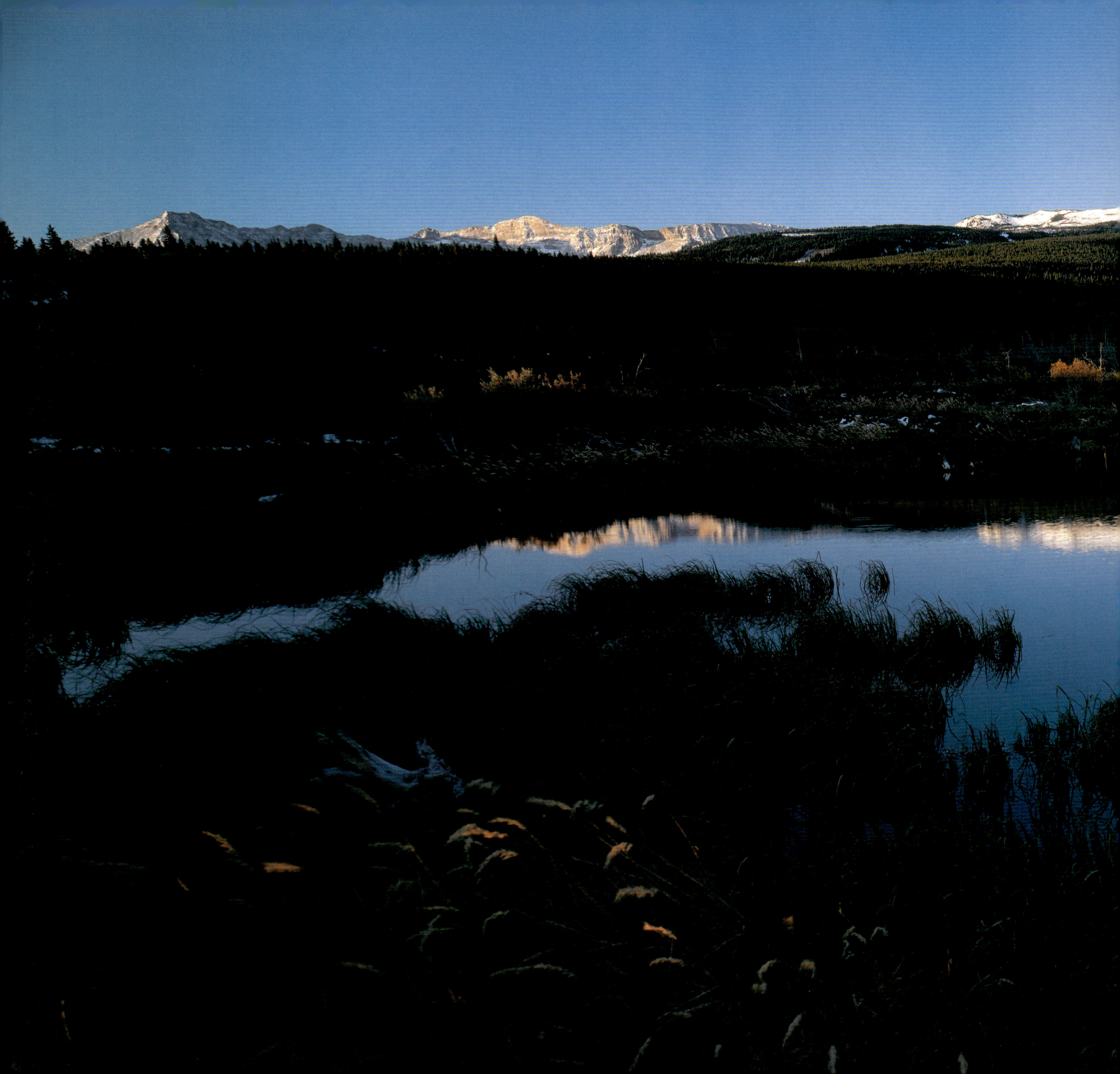

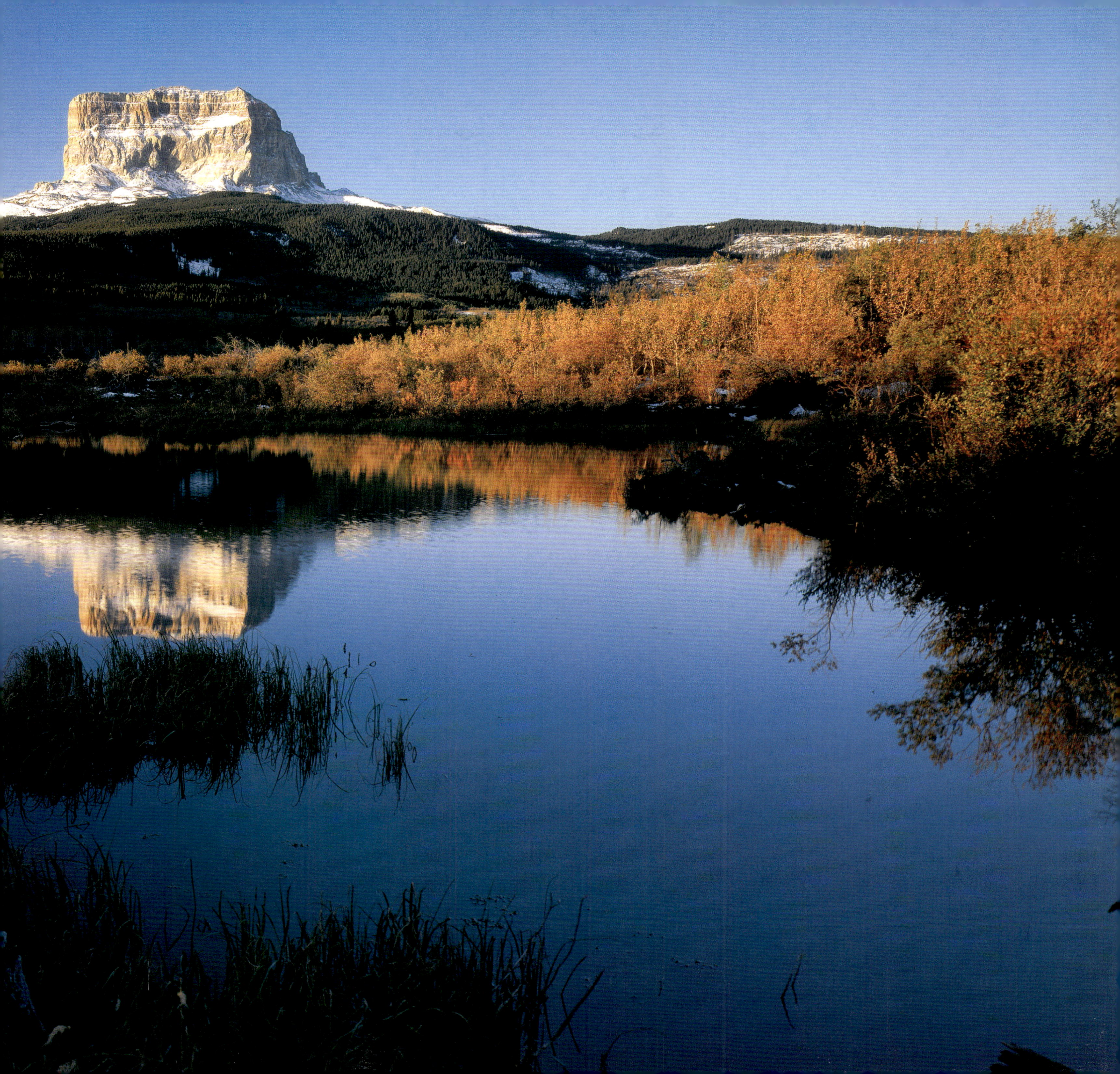

Ohne Worte / Without words

Ich habe nach dem Sinn des Lebens gesucht	I looked for the meaning of life
in Erklärungen und Behauptungen,	in statements and declarations,
in Geschichten und Theorien,	in stories and theories,
in kühnen Entwürfen und verteidigten Positionen.	in bold designs and defended positions.
Ich habe dieses und jenes Dogma anprobiert,	I tried on this and that dogma,
ich habe Rot, Blau, Schwarz und Weiß getragen,	I wore red, blue, black and white.
ich habe viele Bücher gewälzt	I flipped through many books
und die Gedanken der Weisen sorgfältig untersucht,	and perused the thoughts of the wise,
und überall fehlte mir etwas.	and found something missing in them all.
Doch als ich die Augen meines Herzens auftat,	But when I opened the eyes of my heart
wie zum ersten Mal,	as if for the first time,
fand ich alles da, in der berührbaren Welt:	I found it all there, in the tangible world:
im Horizont, der mich anzieht	in the horizon that draws me to it
und doch nicht zu fassen ist,	and yet stays beyond my grasp,
im Morgengrauen, das endlose Möglichkeiten andeutet,	in the dawn announcing endless possibilities,
in dem Baum, gebeugt vom Alter,	in the tree bent with age,
in dem Tau, der eine Wiese bedeckt,	in dew covering a meadow
ohne auch nur einen Grashalm zu verpassen,	without missing a single blade of grass,
in der Liebe in deiner flüsternden Stimme,	in love hidden in your whispered voice,
im Sternenlicht, im Mondlicht, im Sonnenlicht.	in starlight, in moonlight, in sunlight.
Und ich habe es nicht alles zusammengezählt,	And I did not add it all up
um noch eine Theorie, noch ein Dogma daraus zu machen,	to make yet another theory or dogma,
sondern habe es ruhen lassen, gleich einem kostbaren Schatz,	but let it rest, like a precious treasure,
den man wie ein Geheimnis tief in sich trägt.	that one carries deep inside like a mystery.
Vielleicht kann nur das,	Perhaps only that
was klein genug ist,	which is small enough
den Sinn des Lebens	can carry in it
in sich tragen.	the meaning of the world.
Ohne Worte.	Without words.

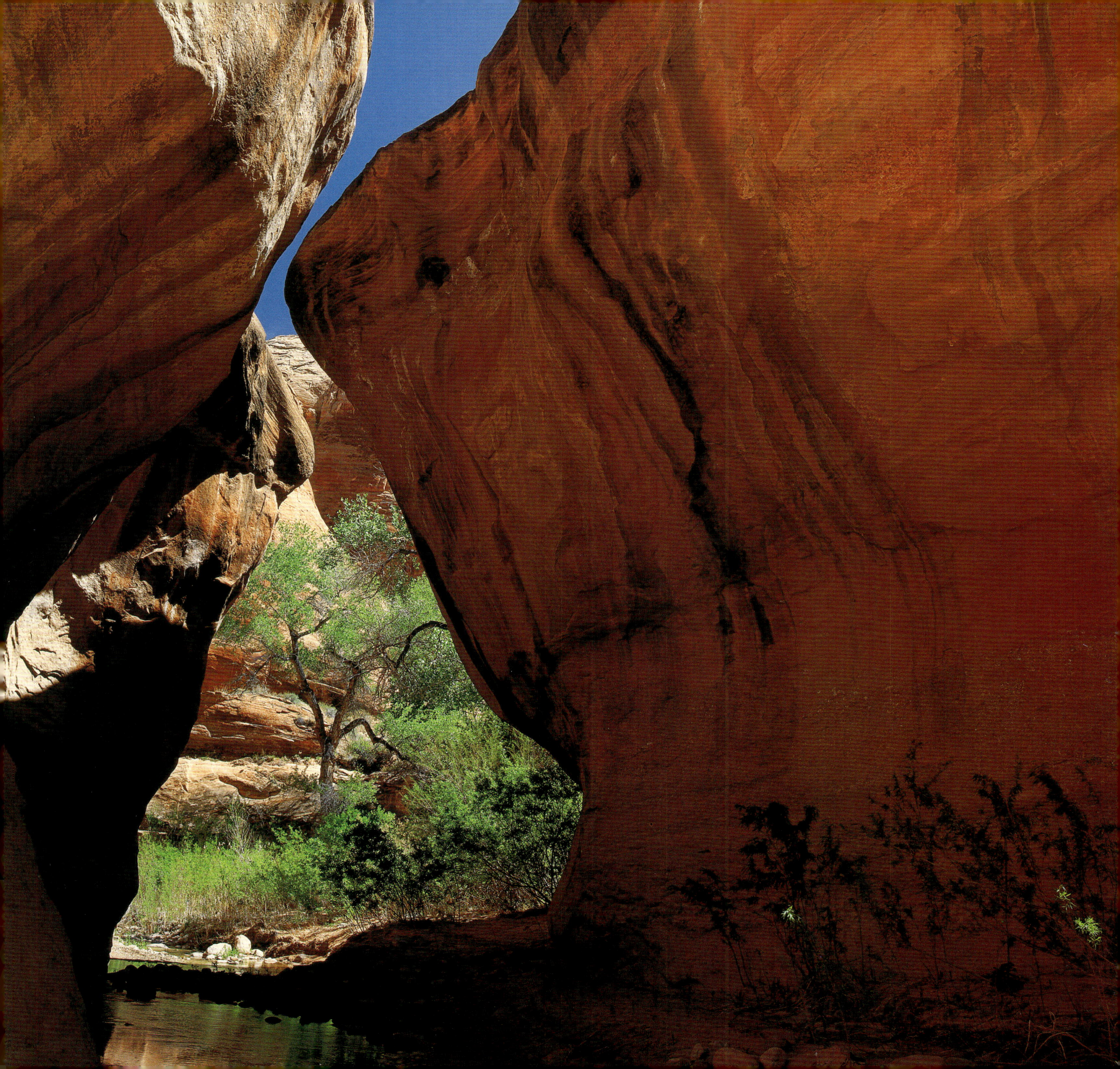

Lasst uns so leben

Lasst uns so leben,
dass wir in unseren Erntejahren sagen können:
Wir haben gewagt, uns in die Welt hineinzugeben,
wir haben den Planeten geliebt mit allem, was in uns war.
Wir haben die Natur genährt, während sie uns erhielt,
wie haben genossen und gelitten
und sind dabei nicht hart und gefühllos geworden.
Wir haben uns nicht aus den Verbindungen gezogen,
in die wir durch unsere Geburt geworfen waren.

Wir waren zu Hause auf dieser blauen Murmel,
auf ihrer endlosen Reise durch das schwarze All,
wir waren immer ein Teil von ihr,
mit Körper und Geist.
Wir haben sanft und bewusst gelebt,
aber haben entschieden alle Formen der Zerstörung abgelehnt.
Wir haben die Welt durch unsere Fürsorge mit Energie erfüllt,
so wie die Welt uns durch ihre Fiber und Faser
mit Energie erfüllt hat.

Und wenn wir versagt haben,
waren wir bereit, unsere Fehler zu sehen
und aus ihnen zu lernen.
So sind wir mit dieser Welt zusammengewachsen,
so waren wir unzertrennlich
und haben langsam gelernt,
dass alles, was wir ihr getan haben,
wir uns selbst getan haben.

Let´s live

Let´s live
so that we can say in our harvest years:
We dared to invest ourselves in the world,
we loved this planet with all that was in us.
We nurtured nature as we were fed by her,
we enjoyed ourselves and we suffered,
but we did not become hard and unfeeling.
We did not remove ourselves from the connections
into which we were thrown by our birth.

We were at home on this blue marble
on its endless journey through black space,
we were always a part of it,
in body and mind.
We lived gently and consciously,
but firmly opposed all manner of destruction.
We energized the world with our care,
like we were energized
by the fibre of the world.

And if we failed,
we were willing to see our mistakes
and learn through them.
In this way we became one with the world,
we were inseperable
and slowly we learned,
that whatever we did to the world,
we did to ourselves.

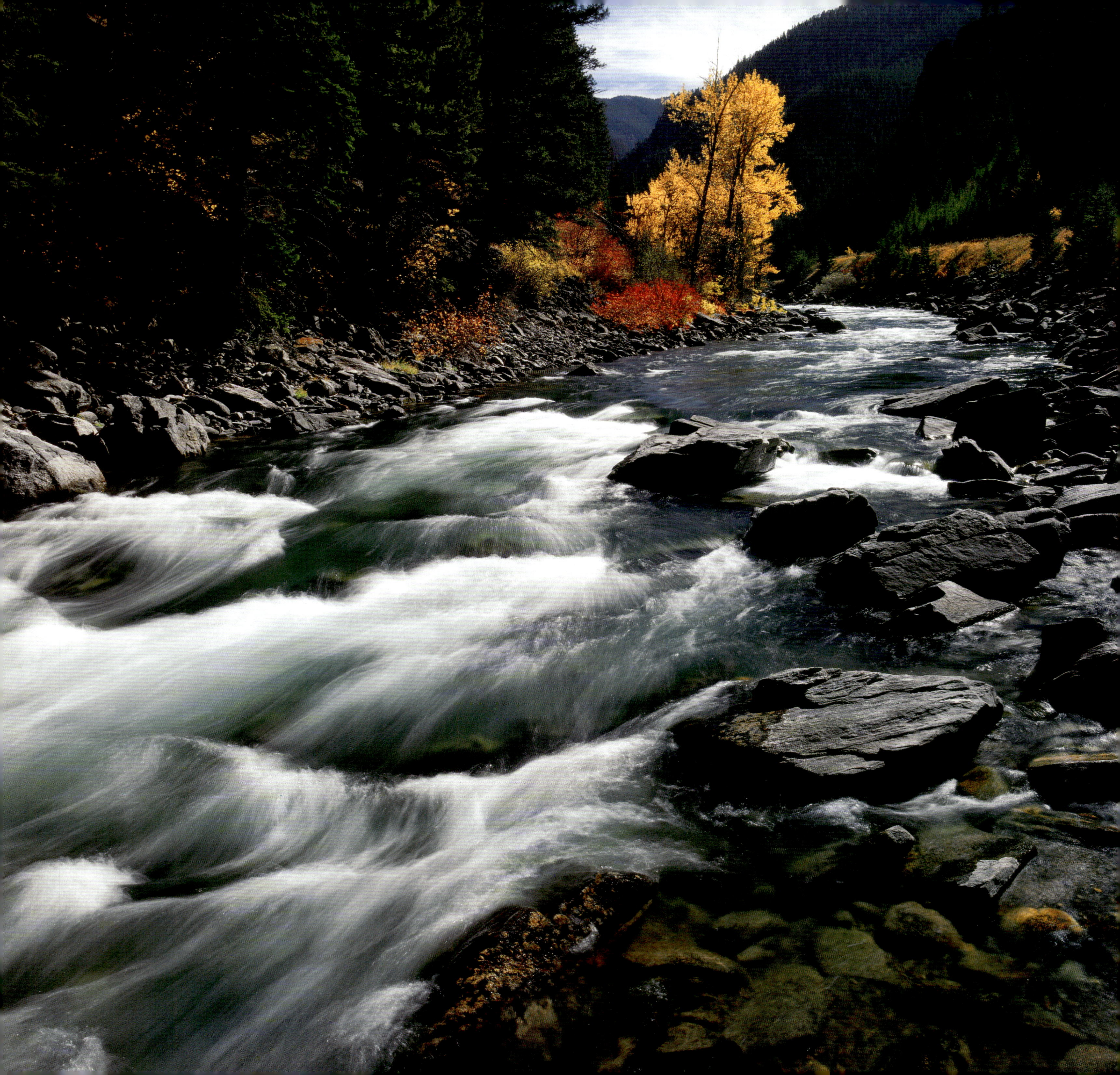

Am Ende wird es die Liebe sein / In the end it will be love

Im neuen Jahrhundert, im neuen Jahrtausend	In the new century, in the new milennium,
werden wir gewaltige Sprünge machen.	we will make huge leaps.
Wir werden Krankheiten besiegen	We will defeat more illnesses
und künstliche Nahrungsmittel herstellen,	and construct artificial foods,
wir werden andere Planeten besuchen	we will visit other planets
und irgendwann auch bewohnen,	and perhaps even live on them,
wir werden unser Sonnensystem verlassen	we will leave our solar system,
und uns dabei mitnehmen.	but take ourselves along.
Wir werden Dinge bauen, die unglaublich klein sind,	We will build things unbelievably small,
und andere, die größer sind als je gekannt.	and others that are larger than ever before.
Wir werden immer mehr über unsere Psyche lernen	We will learn more about our psyche
und sie vielleicht sogar besser verstehen.	and perhaps even understand it better.
Wir werden überall erreichbar sein	We will be reachable everywhere,
und einander sehen und hören können,	we will hear and see each other,
als wären alle Entfernungen aufgehoben.	as though all distances were abolished.

Auch wenn die Welt wie ein Dorf sein wird, wird uns auffallen, / Even if the world were to become like a village, we would notice,
dass der Weg zum Herzen des andern immer noch weit ist / that the path to the heart of another is still long
und dass niemand ihn für uns gehen kann. / and that no one can walk it for us.
Nichts enthebt uns der Sorge füreinander. / Nothing releases us from the care for one another.
Am Ende wird unsere Lebensqualität, wie vielleicht schon immer, / In the end the quality of our life will, like always,
abhängig sein von dem Kreis der Liebe, / depend on the circle of love,
diesem ersten Kreis unseres Lebens, / this First Circle of Life,
den wir uns schaffen und in dem wir uns bewegen. / which we create for ourselves and in which we move.

Wir werden lernen, / We will learn
dass jeder sich diesen Kreis immer wieder neu schaffen muss, / that we need to create this circle for ourselves,
dass er nicht von selbst entsteht / that it will not come into being by itself,
und nicht durch den Druck eines Knopfes. / and not by pressing a button.
Noch immer wird das ABC der Annäherung gelten, / The ABC of reaching out will still matter,
das kleine Einmaleins der Zuwendung, / and so will the times table of caring for one another,
und all unsere großen Errungenschaften / and all our great achievements
werden uns nicht helfen zu lieben. / will not help us to love better.

Wir werden keine Maschine erfinden, / We will not develop a machine,
die uns die Arbeit der Liebe erleichtert, / that will make the work of love easier,
und keine Impfung gegen die Vernachlässigung, / nor a vaccination against neglect,
keine Pillen gegen die Einsamkeit, / there will be no pills against loneliness
und die virtuelle Wirklichkeit wird trotz allem die sein, / and the virtual reality will still be that
in der ein Mann am Küchentisch sitzt und spürt, / of a man sitting at his kitchen table,
dass er das Gewicht seines Lebens kaum tragen kann, / sensing that he can hardly bear the weight of his life,
wie vor tausend Jahren, / like a thousand years ago,
und eine Frau wird ihren Kindern winken / and a woman waving to her children
und sich Sorgen um sie machen, / will still worry about them,
wie vor tausend Jahren, / like a thousand years ago,
und nur die Liebe und ein erfülltes Leben / and only love and a fufilled life
werden uns am Tod vorbeihelfen, / will help us past death,
dieser uralten Bedrohung, diesem ständigen Begleiter. / that ancient threat and constant companion.

Und darum ist alles, was wir jetzt an Liebe lernen, / That is why all we learn of love now,
du und ich auf dieser verzweifelnden, beweglichen Erde, / you and I on this desperate, movable earth,
wichtiger als alles andere, als alles. / is more important than everything else, than everything else.

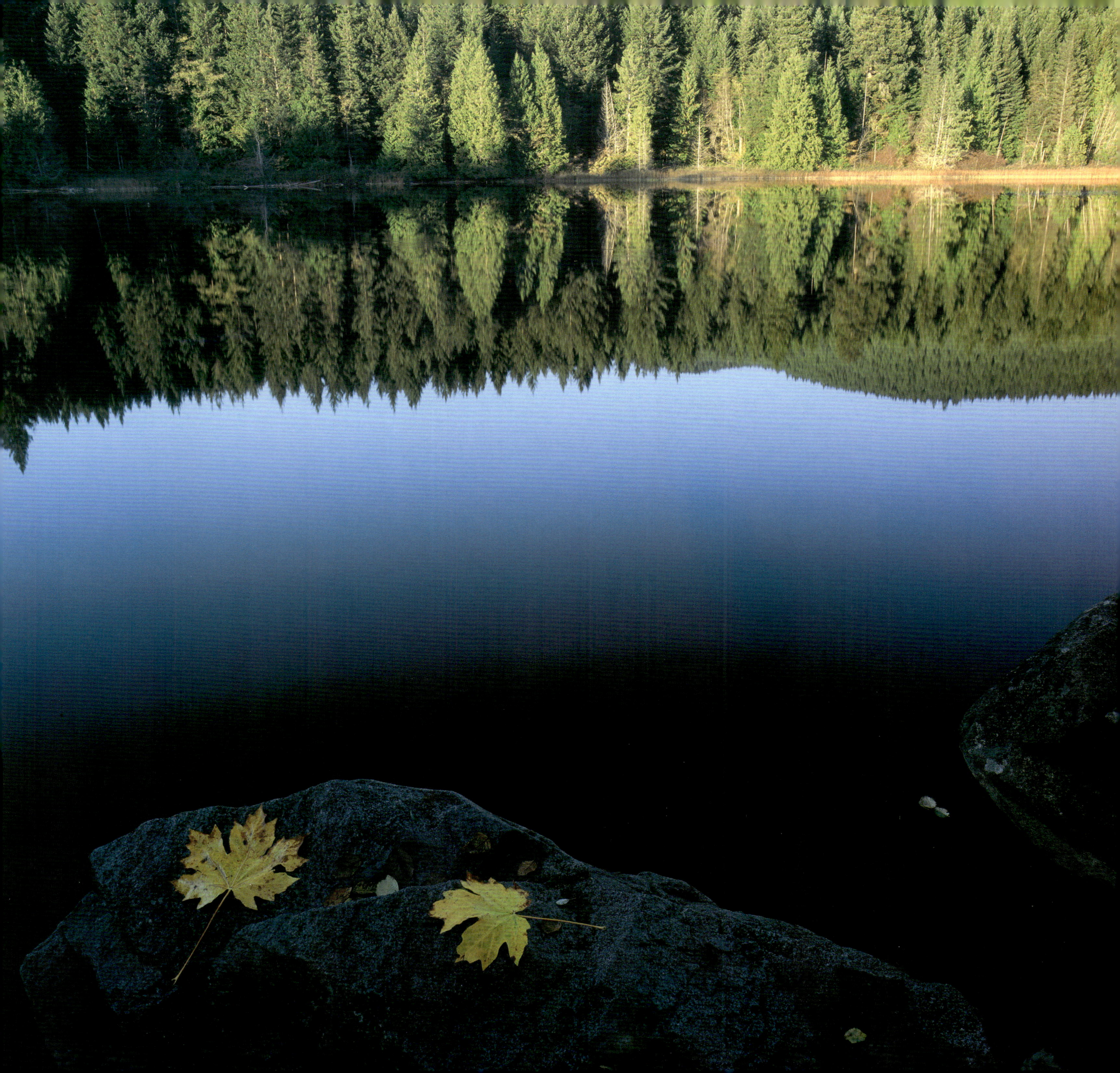

Zu den Fotografien

Umschlag, Vorderseite: Mein blaues Kanu, am Eddontenajon Lake im Norden von British Columbia. Das Kanu weist auf den Horizont hin. Es gibt noch Möglichkeiten. Es gibt Visionen einer anderen Welt.

Umschlag, Rückseite: Goldener Stein, im Meer bei Gibsons, British Columbia, Kanada. Die Momente vor dem Sonnenuntergang sind oft „goldene" Momente.

1 **Brombeeren vor einer Arbutusrinde**, Gibsons, British Columbia. Hier an der Pazifikküste, an der ich wohne, gibt es viele Brombeeren, und der Arbutus ist ein Baum, der über zwanzig Meter hoch wächst. Seine ungewöhnliche, sich schälende Rinde gibt ihm seine besondere Note.

6 **Blauer Strand**, in der Nähe von Sechelt, an der Sunshine Coast von British Columbia. Schon oft habe ich hier fotografiert und werde es wahrscheinlich auch noch oft tun. Mich interessierte der Kontrast zwischen der kühlen Farbe des Granits und der Wärme am Himmel, nachdem die Sonne schon vor etwa fünfundvierzig Minuten untergegangen war.

9 **In der Mitte der Welt**, Dies ist eine Landschaft in Utah, die auf mich ungeheuer anziehend wirkt. In meinem Bildband „Geheimnisvolle Zusammenhänge" habe ich mehr über sie geschrieben. Leider ist sie inzwischen schon kommerziell erschlossen. Glücklicherweise werden aber nur acht Menschen pro Tag in diese Landschaft gelassen. So wird sie uns hoffentlich noch länger unzerstört erhalten bleiben.

11 **Der Stein spricht mit dem See**, Lower Two Medicine Lake im Glacier National Park, Montana, USA. Ich versuche in meinen Fotografien immer wieder das Unaussprechliche auszudrücken. Was uns in einer Landschaft ganz tief berührt, ist oft nicht nur das Fassbare, sondern ein Gefühl, eine Atmosphäre, eine andere Wirklichkeit, die spürbar wird.

13 **Auch im Tod spreche ich noch**, Glacier National Park, Montana, USA. Diese abgestorbene Kiefer steht gemeinsam mit vielen anderen an einem exponierten Berghang auf 1.300 Meter Höhe in einem herben Klima, in dem sechs Monate im Jahr Schnee liegt. Ich habe unter diesen Bäumen etwa zehn Stunden fotografiert und war dabei wie in eine andere Welt entrückt.

14/15 **Sturm über Bryce Canyon**, Utah, USA. Ich war mit dem Fotografen Jack Dykinga unterwegs, als sich uns dieses Schauspiel bot. Auf den Escalante Moutains hatte es frisch geschneit, und es war bewölkt. Durch Löcher in den Wolken erleuchtete die Sonne das Tal immer wieder anders.

17 **Lila Bachbett**, in einem der Escalante Canyons, Utah, USA. Licht kann das Einfachste verzaubern. Licht ist der große Meister. Der Fotograf ist nur der visuelle Sekretär.

19 **Ich lebe noch**, Bristlecone Kiefer in den White Mountains von Kalifornien, USA. Diese Kiefern wachsen nur auf über 3.000 Meter Höhe und sind bis zu 5000 Jahre alt. Oft sind sie zu 80 Prozent abgestorben, aber einige Äste leben weiter, produzieren Zapfen und pflanzen sich so fort. Sich auf weniges zu konzentrieren ist ihre Überlebensstrategie.

21 **Ein heilendes Grün**, Buchenwald mit Buschwindröschen, auf der Insel Rügen in der Ostsee. Der Wald wirkte verzaubert auf mich.

23 **Abschied des Tages**, Georgia Strait von Vancouver Island aus gesehen. Oft sind die Zeiten vor Sonnenaufgang und nach Sonnenuntergang besonders interessant. Wenn dann noch genug Licht da ist, kann es ungewöhnliche Fotografien geben.

25 **Als blute der Baum**, am Strand angeschwemmte Zeder mit schwarzen Steinen vulkanischen Ursprungs, Gibsons, British Columbia.

About the Photographs

Front cover: My blue canoe, at Lake Eddontenajon in the north of British Columbia, Canada. The canoe points to the horizon. There are still possibilites. There is a vision of another world.

Back cover: Golden stone, in the ocean near Gibsons, British Columbia, Canada. The moments right before sunset are often "golden" moments.

1 **Blackberries on arbutus bark**, Gibsons, British Columbia. Here on the Pacific coast, where I live, blackberries can be found everywhere, and the arbutus is a tree that grows well beyond sixty feet. Its unsusal, peeling bark, give it a special note.

6 **Blue beach**, near Sechelt on the Sunshine Coast of British Columbia, Canada. I have photographed here often and will probably continue to do so. I was interested in the contrast between the cool color of the granite in the foreground and the warmth of the sky, after the sun had set about forty-five minutes earlier.

9 **In the center of the world**, This is the landscape in Utah, that I find very fascinating. I have portrayed and described it in a previous book called „Mysterious Connections". Unfortunately this landscape has been opened up commercially. Fortunately only eight people are allowed in each day. I hope that this restriction will keep it from being destroyed for a long time.

11 **The stone talking to the lake**, Lower Two Medicine Lake, Glacier National Park, Montana, USA. I keep on trying to express the unspeakable with my photographs. What often touches us deeply in a landscape is not only what we can see and grasp, but a feeling, an atmosphere, the presence of another reality, which we can often only sense.

12 **Even in death I still speak**, Glacier National Park, Montana, USA. This dead pine stands together with many others on a very exposed moutainside, at over 4,000 feet elevation in a harsh climate, where snow covers the ground for six months. I photographed among these trees for about ten hours and felt transported into another world.

14/15 **Storm over Bryce Canyon**, Utah, USA. I was travelling with the photogrpaher Jack Dykinga, when we saw this dramatic scene. There was fresh snow on the Escalante Moutains and the sky was cloudy. The sun came through holes in the clouds and gave us constantly changing views.

17 **Purple creek**, in one of the Escalante canyons, Utah, USA. Light can transform even the simplest things. Light is the great master. The photographer is only the visual secretary.

19 **I am still alive**, bristlecone pine in the White Mountains in California. USA. These pines grow only above 10,000 feet and are up to 5,000 years old. Sometimes up to 80% of a tree has died, but some branches are still alive, poduce cones and seed themselves out. Their survival strategy is to concentrate on very little.

21 **A healing green**, a beech forest with wood anemones, on the island of Rügen in the Baltic Sea. The forest seemed enchanted to me.

23 **Farewell of the day**, Georgia Strait as seen from Vancouver Island. Often the times before sunrise and after sunset are the most interesting. If there is enough light left, it is a good time for unusual photographs.

25 **As if the tree were bleeding**, a western cedar that has drifted ashore, with black pebbles of volcanic origin, Gibsons, on the Sunshine Coast of British Columbia, Canada.

29   **Wunderwelt Stein**, Antelope Canyon, bei Page, Arizona. Dieser Canyon wurde inzwischen schon sehr oft fotografiert und sogar gefilmt. Er ist ein Wunder. Besonders schön ist es, wenn man sich ganz allein durch ihn bewegt. Es ist, als ginge man durch eine natürliche Kathedrale.
30/31 **In Licht getaucht**, Georgia Strait von Gibsons, British Columbia, Kanada aus gesehen. Im Hintergrund die Inseln Gabriola, Valdez, Galiano und Vancouver Island.
33   **Wenn die Sonne auf die Erde kommt**, Cottonwood Bäume im Herbst, Coyote Canyon im Escalante-Gebiet von Utah, USA.
35   **Blühende Wüste**, Cardon Kakteen und Sand Verbena, Baja California, Mexiko. Drei Tage standen Jack Dykinga und ich mit unseren Campern in einem ausgetrockneten Flusslauf und fotografierten unmittelbar um uns herum die blühende Wüste. Es war ein Fest für die Augen.
37   **Blaue Zauberstunde**, das Festland British Columbias von Vancouver Island aus gesehen.
39   **Die Seele eines Baumes**, Arbutus im letzten Licht des Tages, Gabriola Island, British Columbia, Kanada. Der Baum schält sich ganz natürlich und behält seine Blätter das ganze Jahr über.
41   **Die Gewalt des Meeres**, Brandung auf Felsen, in der Nähe von Gibsons, British Columbia, Kanada.
43   **Das Lachen der Natur**, Brittlebush in der mexikanischen Wüste in der Nähe von Tres Virgenes, einem Lavagebiet in Baja California Sur, Mexiko.
46/47 **Wenn Himmel und Erde sich grüßen**, Abendstimmung in den Foothills, dem Vorgebirge der Rocky Mountains, südwestlich von Bozeman, Montana, USA. Ich war mit dem Maler und Grafiker Friedrich Peter unterwegs, als sich dieses Licht plötzlich in der Landschaft zeigte. Ich hatte nur einige Minuten, um meine Bilder zu machen, dann war alles vorbei.
49   **Explosion der Herbstfarben am Taylor Creek**, Kolob Finger Canyons, Utah, USA. Dies ist seit Jahren einer meiner liebsten Canyons. Er ist nicht lang, aber wunderbar geformt. Ich werde es nicht müde, hier zu fotografieren. Auf dem Bild sind Ahornbäume und eine Sorte Eiche, deren Blätter im Herbst rot werden.
51   **Die Insel hat Sehnsucht nach dem Festland**, Passage Island, bei Vancouver, British Columbia, Kanada. Das Bild ist lange nach Sonnenuntergang gemacht, als der blaue Felsen im Vordergrund kaum noch zu sehen war. Es ist ein Bild, mit dem man das Ahnen üben kann.
53   **Liebe zur Erde**, geeggte Felder in der Palouse, im östlichen Teil des Bundesstaates Washington, USA. Warum die Farmer hier die Felder so eggen, habe ich bisher noch nicht herausbekommen. Vielleicht macht es ihnen nur Spaß. Es ist ihre Kunst.
55   **Ich komme von weit weg**, weiße Welle, am Atlantikstrand der Yucatan-Halbinsel, Mexiko.
57   **Wasser ist Leben**, Kleiner Wasserfall im Regenwald, bei Gibsons, British Columbia, Kanada. Besonders im Winter ist diese Landschaft, wo man auch hinsieht, ein intensives Grün. Wenn man im Regen in ihr wandert, meint man spüren zu können, wie alles wächst und gedeiht.
61   siehe Anmerkung zu Umschlag, Rückseite
62/63 **Felsen werden zu Dünen**, Monument Valley, Arizona, USA.
65   **Helle Wolke**, Gibsons, British Columbia, Kanada. Ich habe das Glück, von meinem Arbeitszimmer aufs Meer sehen zu können und seine verschiedenen Stimmungen im Laufe eines Tages und eines Jahres zu beobachten. Jeder Tag ist anders. Aber fast immer wird der Blick in die Ferne gezogen und in eine Weite ohne Ende .
67   **Erinnerung an das Meer**, Sandstein mit Baumwurzel, Paria Canyon,

29   **The magic world of stone**, Antelope Canyon, near Page, Arizona, USA. This canyon has been photographed often, even filmed. It is a real wonder. It is particularly impressive to walk through it alone. It is as though one walked through a natural cathedral.
30/31 **Dipped into light**, Georgia Strait, as seen from Gibsons, British Columbia, Canada. In the background are Gabriola, Valdez, Galiano and Vancouver Island.
33   **When the sun comes to earth**, cottonwoods in the fall, Coyote Canyon in the Escalante region of Utah, USA.
35   **Blooming desert**, cardon cactus and sand verbena, Baja California, Mexico. For three days jack Dykinga and I stood in a dry riverbed with our campers and photographed the blooming desert all around us. It was a feast for the eyes.
37   **Blue magic hour**, the mainland of British Columbia as seen from Vancouer Island.
39   **The soul of a tree**, arbutus (madrone) in the last light of day, Gabriola Island, British Columbia, Canada. The tree sheds its bark annually and keeps its leaves all year.
41   **The power of the ocean**, surf breaking over rocks, near Gibsons, British Columba, Canada.
43   **Nature laughing**, brittlebush in the Mexican desert near Tres Virgenes, an area of lava in Baja California Sur, Mexico.
46/47 **When heaven and earth greet each other**, evening in the foothills of the Rocky Mountains, southwest of Bozeman, Montana, USA. I was travelling with the painter and graphic artist Friedrich Peter, when we suddenly saw this light on the landscape. I had only a few minutes to take a few pictures.
49   **Explosion of fall colors at Taylor Creek**, Kolob Finger Canyons, Utah, USA. This has been one of my favorite canyons for years. It is not very long, but beautifully formed. I never tire of photographing here. The trees in the canyon are maples and and a kind of oak, which turns red in the fall.
51   **The island yearns for the mainland**, Passage Island, near Vancouver, British Columbia, Canada. The picture was taken a long time after sunset, when the blue rock in the foreground was hardly visible any longer. It is a photograph with which one can practice sensing and intuiting.
53   **Love for the earth**, tilled fields in the Palouse area of eastern Washington State, USA. I have not been able to find out why the farmers till the fields in these patterns. Perhaps they just have fun doing it. It is their art.
55   **I´ve come from far away**, white wave, on the Atlantic coast of the Yucatan peninsula, Mexico.
57   **Water is life**, small waterfall in the rainforest near Gibsons, British Columbia, Canada. Especially in winter this landscape is an intense green wherever one looks. When hiking in it while it is raining, one almost senses everything growing and thriving.
61   see notes on back cover
62/63 **Rock turning to dunes**, Monument Valley, Arizona, USA.
65   **Light cloud**, Gibsons, British Columbia, Canada. I am fortunate to be able to have this view of the ocean and to take in its different moods in the course of a day and over a whole year. Each day is different, but almost always the gaze is drawn into the distance and into an openness without limits.
67   **Memory of the ocean**, sandstone with root, Paria Canyon, Vermilion Cliffs Wilderness Area, Utah/Arizona. These are petrified dunes, five hundred

Vermilion Cliffs Wilderness Area, Utah/Arizona. Dies sind versteinerte Dünen, siebenhundert Kilometer vom nächsten Meer entfernt.
69 **Grüner Stein**, in den Bergen nördlich von Sechelt, Sunshine Coast, British Columbia, Kanada. Ich war in die Berge gefahren, um diesen Bach zu fotografieren. Als ich schon einige Bilder gemacht hatte, kam die Sonne ganz gezielt durch und erleuchtete die beiden Steine. Es war ein besonderes Geschenk, das nur ein paar Minuten anhielt.
71 **Sandsteinformationen**, Paria Canyon, Vermilion Cliffs Wilderness Area, Utah/Arizona.
73 **Blaue Felswand**, in der Nähe von Mariposa, Kalifornien, USA. Ich habe diese Wand später gesucht, konnte sie aber nicht mehr finden.
75 **Herausforderung**, junge Espe in der Nähe von Butte, Montana, USA. Der kleine Baum scheint den Felsen zu spalten.
77 **Selbstbehauptung**, Kiefer vor Sandsteinwand, Taylor Creek, Kolob Finger Canyons, Utah, USA.
78/79 **Aufrechtes Licht**, Lärchenwald, Kootenay Pass, British Columbia, Kanada.
81 **Widerstand**, Pflanze auf Felswand, Paria Canyon, Vermilion Cliffs Wilderness Area, Utah/Arizona.
85 **Leicht wie Luft**, Espenwald im Herbst, in der Nähe von Aspen Grove, Utah, USA.
87 **Anlauf zu den Sternen**, gestreifte Felswand im Willow Canyon, im Escalante-Gebiet von Utah, USA. Es ist noch früh im Jahr – die Eichen haben noch keine Blätter.
89 **Weiß in Weiß**, Buche im Raureif und Nebel, Schauinsland bei Freiburg, Deutschland. Wenn Raureif, Nebel und Schnee die Zeichnung wegnehmen, bleibt nur noch die Konzentration auf das wenige, das bleibt.
91 **Aufmerksamer Wächter**, Weißkopfadler, an der Sunshine Coast, British Columbia, Kanada.
93 **Versteckte Liebe**, Brittlebush mit Elefantenbaum in Baja California Sur, Mexiko.
94/95 **Chief**, erstes Morgenlicht und Spiegelung des Chief Mountain in einem kleinen, von Bibern abgedämmten Teich, nahe der Grenze zwischen Alberta, Kanada und Montana, USA. Die Stille dieser Gegend wurde nur durch den schwer arbeitenden Biber in seinem Teich unterbrochen.
97 **Zum Himmel offen**, Cottonwood hinter einer Enge im Canyon, im Escalante-Gebiet, Utah, USA.
99 **Wächter am Fluss**, Cottonwoods im Herbst am Gallatin River, Montana, USA.
101 **Stille**, Trout Lake an der Sunshine Coast von British Columbia, Kanada. Im Herbst beginnt das große Sterben in der Natur. Aber in der Stille, die manchmal auf ihr liegt, scheint sich schon etwas Neues anzubahnen.
105 **Kalte Schönheit**, Baum im Raureif, Schauinsland, bei Freiburg, Deutschland. Dieser Höhenzug ist nur 1.200 Meter hoch, aber ständigen Winden ausgesetzt. Dadurch bildet sich hier schnell Raureif im Winter.
109 **Nebel**, Schauinsland, bei Freiburg, Deutschland.
112 **Ich bin schön**, bemooster Baum, im moderaten Regenwald der Sunshine Coast, bei Gibsons, British Columbia, Kanada.

miles from the nearest ocean.
69 **Green stone**, in the mountains north of Sechelt, Sunshine Coast, British Columbia, Canada. I had gone to the mountains in order to photograph this creek. After having taken a few pictures the sun suddenly came out and illuminated these two rocks. It was s special gift, that lasted only a few minutes.
71 **Sandstone formations**, Paria Canyon, Vermilion Cliffs Wilderness Area, Utah/Arizona.
73 **Blue rock wall**, near Mariposa, California, USA. When I looked for this wall again later, I could not find it.
75 **Challenge**, young aspen near Butte, Montana, USA. The small tree seems to be splitting the rock.
77 **Self-assertion**, pine in front of sandstone wall, Taylor Creek, Kolob Finger Canyons, Utah, USA.
78/79 **Upright ligh**t, forest of larches, Kootenay Pass, British Columbia, Canada.
81 **Resistance**, plant on rock face, Paria Canyon, Vermilion Cliffs Wilderness Area, Utah/Arizona.
85 **Light as air**, aspen forest in fall colors, near Aspen Grove, Utah, USA.
87 **Run-up to the stars**, striped rock wall in Willow Canyon, in the Escalante region of Utah, USA. It is early in the year – the oaks do not have leaves yet.
89 **White in white**, beech tree in fog with hoar-frost, Schauinsland near Feiburg, Black Forest, Germany. When hoar-frost, fog and snow take away the definition, only the concentration on the little that remains is left.
91 **Keen guardian**, bald eagle, on the Sunshine Coast, British Columbia, Canada.
94 **Hidden love**, brittlebush with elephant tree in Baja California Sur, Mexico.
94/95 **Chief**, first light on Chief Mountain and its reflection in a beaver pond, close to the border between Alberta, Canada and Montana, USA. The silence of this place was only interrupted b the hardworking beaver in his pond.
97 **Open to the sky**, cottonwood behind a narrrow part of a canyon, Escalante area, Utah, USA.
99 **Guards on the river**, cottonwoods in the fall on the Gallatin River, Montana, USA.
101 **Silence**, Trout Lake on the Sunshine Coast of British Columbia, Canada. In the fall nature begins to die. But in the silence that sometimes lies on this dying process something new seems already to be making its way.
105 **Cold beauty**, Tree with hoar-frost, Schauinsland, near Freiburg, Germany. This range of mountains is only 4,000 feet high but exposed to constant winds. Hoar-frost forms here quickly in winter.
109 **Fog**, Schauinsland, near Freiburg, Germany.
112 **I am beautiful**, tree with moss, in the moderate rainforest of the Sunshine Coast of British Columbia, Canada.

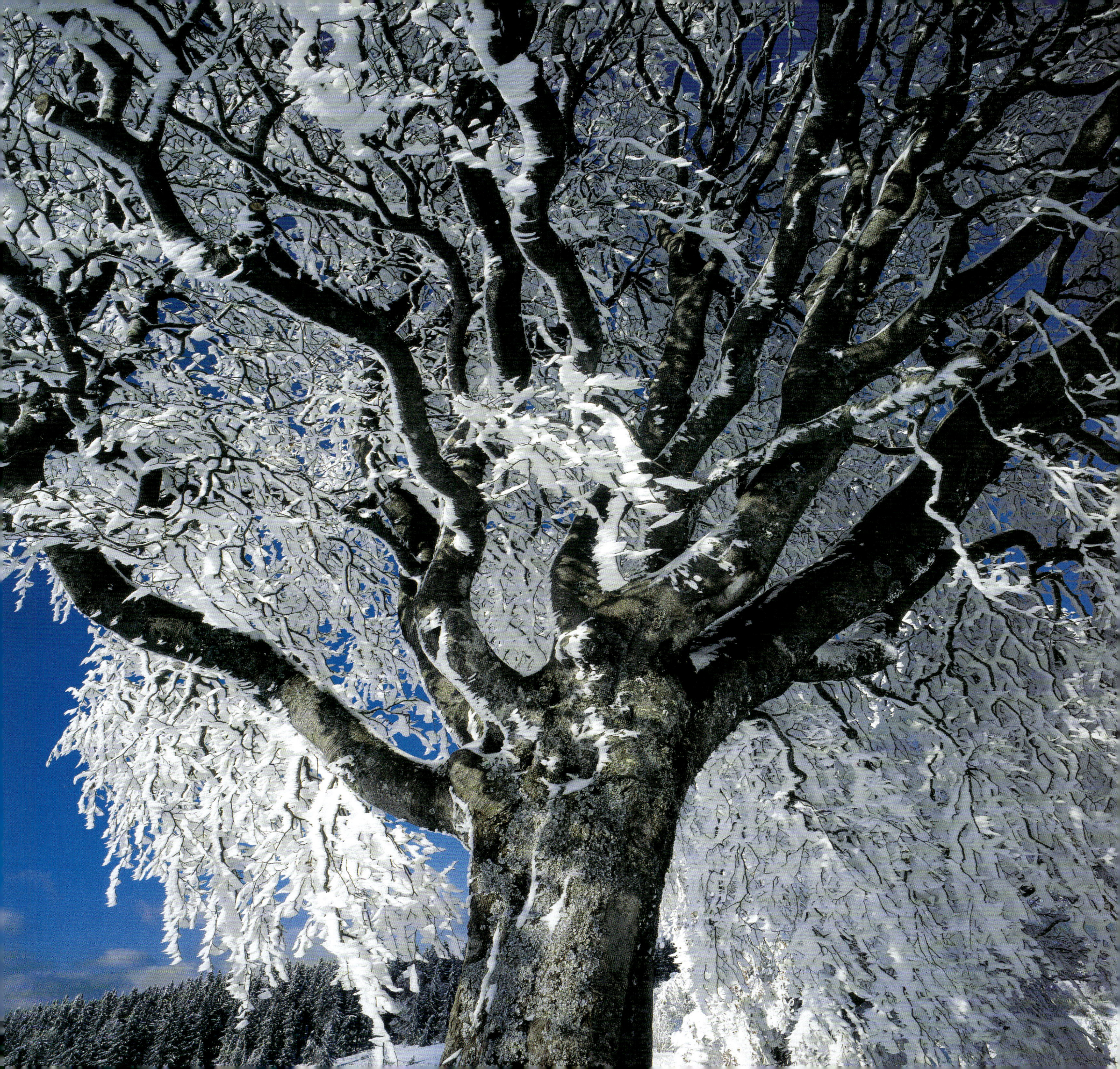

Schreiben, fotografieren und die Welt retten

Seit meinem fünfzehnten Lebensjahr fotografiere und schreibe ich ernsthaft. Erst mit fast vierzig habe ich mich entschlossen, diese beiden Tätigkeiten zum Beruf zu machen und meinen Lehrberuf aufzugeben. In den fast zwanzig Jahren, die seitdem verflossen sind, habe ich mich oft gefragt und frage mich auch jetzt noch oft: Was will ich mit meinem Schreiben und Fotografieren erreichen? Ich habe mir im Laufe der Zeit verschiedene Antworten darauf gegeben. Dabei kehrt ein Aspekt immer wieder, oder ist im Stillen immer dabei: Ich will die Welt retten. Das ist einfach und doch auch sehr komplex. Früher hätte ich das nicht so formuliert – ich hätte es nicht gewagt, und vielleicht habe ich mich selbst auch nicht ausreichend durchschaut, um es so zu formulieren. Aber es ist so.

Viele belächeln den Begriff „die Welt retten" und finden ihn überheblich oder versponnen. Nur Gott kann die Welt retten, sagen die einen, und die anderen meinen, dass diese großen Dinge in den Händen von führenden Politiker liegen. Ich glaube weder das eine noch das andere. Ich glaube, dass mehr denn je jeder von uns gefordert ist, einen Beitrag zur Rettung der Welt zu leisten. Wenn überhaupt etwas die Welt retten kann, dann die Liebe, und die Liebe lässt sich nicht durch Gesetze und Regeln herbeiführen, weil sie Herzenssache ist und immer nur der Ausdruck des Einzelnen. Durch meine Bilder und Texte wünsche ich mich der Welt liebevoll zu nähern, zusammen mit meinen Lesern, um Wege zu finden, wie wir gemeinsam die Welt schützen und erhalten können.

In einer Zeit eines großen Relativismus wirkt es schon fast unanständig, noch Werte zu besitzen, die man verfolgt und für die man sich einsetzt. Schnell wird da Kritik laut, man sei simpel oder wolle eine „heile Welt" vortäuschen. Ich möchte diese heile Welt nicht vortäuschen, ich möchte sie schaffen! Und das ist keineswegs simpel, sondern sehr komplex – aber nicht unmöglich. Gibt es etwas Schöneres, als zu sehen, wie Menschen heil werden, oder einen Planeten zu bewohnen, der gesund ist? Ich möchte für gewisse Werte einstehen und nicht müde werden, mich für sie einzusetzen. Ich möchte meinen Beitrag leisten, wenn es darum geht, Menschen vor der Lieblosigkeit und Gleichgültigkeit zu retten, vor einer Hartherzigkeit, die uns den Planeten für Profit zerstören lässt. Ich möchte beitragen zu einer Bewusstwerdung, die Kriege und Rassismus unmöglich macht. Ich weiß, dass mein Beitrag im besten Fall nur ein kleiner sein wird, aber ich bin mehr denn je davon überzeugt, dass sich die großen Veränderungen in der Welt aus kleinen Veränderungen zusammensetzen. Vielleicht könnten wir Schulen für die Selbsterkenntnis einrichten, Universitätskurse für die Hoffnung, das Wohlwollen und die Sanftmut. Es könnte einen Nobelpreis für die Bewusstwerdung geben und Förderungsstipendien für die Liebe zum Planeten. Wie wäre es, wenn unsere Filme, Bücher und die Kunst allgemein sich einsetzen würden für Demut, Wachstum, Verstehen, Zartheit, Vorsicht und Reife?

Ich möchte dazu beitragen, die Welt auf allen Ebenen zu retten. In über hundert Veröffentlichungen, von denen etwa die Hälfte Bilder enthalten, habe ich immer wieder versucht, so zu schreiben und so zu fotografieren, dass beides über das Ästhetische und den Ausdruck des rein Persönlichen hinausgeht. Ich will etwas aussagen, das nicht nur Verzierung oder Unterhaltung ist, sondern ermutigend hineinspricht in unser Leben auf diesem Planeten. Ich liebe die Landschaften, die hier abgebildet sind, ausnahmslos. Texte und Bilder sind Ausdruck meiner Liebe zur Welt.

Writing, photographing and saving the world

I have written and photographed seriously since I was fifteen. At almost forty I decided to make both of them into my profession and to leave the teaching position I had. In the almost twenty years that have passed, I have often asked myself and still do: What do I hope to accomplish with my writing and photography? In the course of time I have given myself different answers, but there is one aspect that keeps coming back or quietly waits in the background: I want to save the world. It is simple and yet complex. Years ago I would not have formulated it in that way – I would not have dared and perhaps I did not know myself well enough to put it that way. But I know that it is true.

Many laugh at the phrase "to save the world" and find it arrogant and presumptuous. Some say that only god can save the world, while others believe that the important matters lie in the hands of leading politicians. I neither believe one nor the other. I believe, that each one of us is called to contribute to the saving of the world more than ever before. If anything can save the world, it is love, and love can not be brought about by laws and rules, because it is a matter of the heart and always the expression of the individual. Through my writing and photography I want to approach the world lovingly, together with my readers, in order to find ways in which we can protect and keep this world safe.

In a time of great relativism, it almost seems indecent to still have values that one pursues and tries to implement. The critics are quick to point out, that one is rather simple if one wants to pretend that the world is "healthy and whole". I do not want to pretend that such a world exists, but I would like to help to bring it about! And this is not simple, but very complex – but not impossible. Is there anything more beautiful than to see people become whole or to live on a planet that is healthy? Yes, I want to be engaged for certain values and not tire to bring them about.

I want to make a contribution to saving others from a lovelessness and indifference, from a hardheartedness that lets us destroy this planet for profit. I want to contribute to a consciousness that will make wars and racism impossible. I know that my contribution will, at best, be a small one, but I am more convinced than ever, that the big changes in the world come about by adding up many small ones. Perhaps we could have schools for self-awareness, university courses for hope, goodwill and gentleness. A Nobel prize might be given for becoming conscious and scholarships could handed out for loving the planet. How would it be if our films, books, and art in general cared about humility, growth, understanding, tenderness, caring, and maturation?

I want to contribute to saving the world on a number of levels. In over a hundred publications, of which half are illustrated with my photographs, I have tried again and again to write and photograph in such a way that both expressions transcend the merely aesthetic or personal. I want to express something that is not only adornment or entertainment, but that speaks encouragingly to our life on this planet. Without exception I love the landscapes that are presented on these pages. Texts and photographs are expressions of my love for this world.

In my writing I have tried, almost since my first publication, not to write too "literarily", especially if this term means an inaccessibility and the need to do something "new" at all costs. I have always believed in certain values and have tried to make them a part of my writing. I believe that certain attitudes

Im Schreiben habe ich fast seit Beginn meiner Veröffentlichungen versucht, nicht in erster Linie „literarisch" zu schreiben, besonders nicht, wenn dieses Wort für Verschlüsselung steht und bedeutet, dass man um fast jeden Preis etwas „Neues" unternehmen muss. Ich habe immer an gewisse Werte geglaubt und versucht, diese in meine Texte einfließen zu lassen. Ich glaube, dass einige Einstellungen die Welt zerstören, während andere zur Rettung der Welt und ihrer Menschen beitragen. Rettung bedeutet für mich auch immer Rettung auf den verschiedenen Ebenen. Es genügt mir nicht, nur an die Seele oder den Geist des Menschen zu denken. Auch der Körper ist ein Heiligtum, das wert ist, gerettet zu werden. Das Meer, die Berge, die Steppen, die vielen Tiergattungen, sie alle sind Teil dieses rettungsbedürftigen Planeten, und ich will mich ihnen widmen.

Ich glaube auch, dass Sprache retten kann. Wenn wir Worte finden für unsere Not und Liebe, für unsere geheimen Ängste, für unser Glück und unsere Verzweiflung, dann können wir über diese Worte unser Inneres und auch das Gemeinsame gestalten und formen. Darum ist Sprache wichtig. Sie kann oft der Weg der Bewusstwerdung sein, und die Bewusstwerdung ist der Weg in die Freiheit. Die Welt zu retten bedeutet damit auch immer, sich selbst zu retten.

Ich bin mir beim Schreiben mancher Texte ein wenig simpel vorgekommen – vielleicht weil manche Texte ein direkter Aufruf sind, ohne den gedanklichen Überbau, in dem jeder Einwand schon vorweggenommen wird. Aber ich wollte diese Einfachheit und Direktheit, weil ich glaube, dass darin eine besondere Kraft liegen kann. Vielleicht ist es wichtig, dass zu all unserem differenzierten Denken, wie es in wichtigen wissenschaftlichen Instituten überall auf der Welt geschieht, Glaube und Hoffnung hinzukommen. Glaube, Hoffnung und eine Vision für die Welt können unseren Aktivitäten eine andere Dimension geben. Und vielleicht müssen wir ab und zu das „differenzierte Denken", das uns vom Handeln und von der Veränderung unseres Herzens abhält, auf die Seite der Probleme und nicht auf die Seite der Lösungen stellen.

Auch das Visuelle kann retten. Viele von uns haben ein starkes Gedächtnis für Bilder. Was wir durch die Augen in uns aufnehmen, fällt besonders tief in uns hinein. Es wird zu einem inneren Bild, das immer wieder in uns aufersteht und unser Leben beeinflusst. Es ist darum wichtig zu überprüfen, was wir an Bildern in uns aufnehmen. Sie werden zu einer inneren Landschaft, in der wir auch leben. Wollen wir uns mit Bildern der Zerstörung erfüllen, die uns mit Erschrecken und Angst heimsuchen? Oder wollen wir Ermutigendes, Aufbauendes in uns tragen, das wie eine Vision, auf die wir zugehen, vor unserem inneren Auge steht? Wir haben die Wahl.

Dieses Buch soll die Schönheit der Welt betonen und zu neuer Liebe und Fürsorge für sie aufrufen. Ich glaube, dass die Natur eine wunderbare Heilerin ist. In ihr finden wir zu uns selbst zurück. In der Natur können wir die Sinnbilder für unser Leben finden. Wir entdecken den Zyklus wieder neu, den es auch für uns gibt: geboren zu werden, zu wachsen, zu reifen, zu sterben, wieder neu geboren zu werden. Wir sind verwandt mit den Pflanzen, den Tieren, den Flüssen und Seen, wir sind ein Teil der natürlichen Welt – und gleichzeitig sind wir bewusst und können dadurch wählen, wie wir leben wollen. Wir brauchen nicht Opfer zu sein, sondern können zu Handelnden werden. Wir können uns entscheiden, zu retten oder zu zerstören, zu reifen oder unentwickelt zu bleiben, zu lästern oder zu lieben, Sorge zu tragen oder zu vernachlässigen. Wir alle wissen, dass vieles in der Welt zerstört ist und dass es immer schwerer wird, den Ablauf der Zerstörung umzukehren, aber

destroy the world, while others contribute to the saving of the world and its people. Salvation always means salvation on a number of levels. It is not enough to save the soul or spirit of people. The body is also sacred and worth saving. The ocean, the mountains, the steppes, the many animal species, they are all part of this planet worth saving and I want to dedicate my life to this task.

I also believe that language can save. If we can find words for our needs, our love, for our secret fears, for our happiness and our despair, then we can shape and form our inner world through language. That is why language is important. It can be the passage to becoming conscious and becoming conscious can set us free. Saving the world therefore always means saving oneself.

While writing some of the texts I sometimes felt simplistic – perhaps because some of the texts are direct appeals, without the mental superstructure in which every objection is already addressed. But I wanted this simplicity and directness, because I believe that there is a special strength in it. Perhaps it is important to add hope and faith to the differentiated ways of thinking that can be found in many of the important scientific institutes of the world. Hope, faith, and a vision for the world will add a different dimension to our activities. And maybe occasionally we have to place the great headiness, that keeps us from acting and from changing our heart, on the side of the problem and not on the side of the solution.

The visual can also have a part in saving us. Many of us have a strong visual memory. What we take in through our eyes, falls into the deepest parts in us. It becomes an inner image that rises up in us and influences us over and over again. It is therefore important to check what kind of images we take into us. They turn into an inner landscape, in which we live. Do we want to be filled with images of destruction, that terrorize and frighten us? Or do we want to carry uplifting images of encouragement in us, which will form a vision, that draws us to itself? We have the choice.

This book wants to emphasize the beauty of the world and invite us to a new love and care for the world. I believe that nature is a wonderful healer. In it we find our way back to ourselves. We can find symbols for our life in nature. We can discover the cycle that also pertains to us: being born, growing, maturing, dying, and being born again. We are related to the plants, the animals, the rivers and lakes, we are a part of the natural world – and at the same time we are conscious and can choose how we want to live. We need not be martyrs, we can act and take charge of things. We can decide to save or destroy, to mature or to remain undeveloped, to make malicious remarks or to love, to care or to neglect. We all know that much has been destroyed in the world, but it does not help to lose hope and give up. Then we too will become part of the problem and not part of the solution.

Inner and outer peace go hand in hand. The older I become, the more I believe, that it is impossible to separate the inner and outer world. That is why it is not only a matter of saving the external world – the water, the air, the earth, the animals, our physiological bodies. It is equally important to think of our souls and spirits. It might be possible to save the physical world and still lose our soul. Greed, competition, spoiling and being spoiled, indifference, discrimination, and hate can destroy us just as well as the disappearing ozone layer. We are battling with death on all fronts. Not only do we possess weapons of mass destruction, but we are also internationally so connected, that attitudes that further death can have a global effect. Cynicism and hopelessness are also weapons of mass destruction.

es hilft nicht, wenn wir die Hoffnung verlieren und aufgeben, denn dann werden auch wir ein Teil des Problems und nicht ein Teil der Lösung sein. Innerer und äußerer Friede gehen Hand in Hand. Je älter ich werde, desto mehr glaube ich, dass es unmöglich ist, die innere und äußere Welt zu trennen. Es geht nicht nur darum, unsere Mitwelt zu retten – das Wasser, die Luft, den Boden, die Tiere und damit unseren Körper. Genau so wichtig ist es, an unsere Seele, an unseren Geist zu denken. Es mag möglich sein, die natürliche Welt zu retten und dabei doch die Seele zu verlieren. Profitgier, Konkurrenz, Verwöhnung, Gleichgültigkeit, Diskriminierung und Hass können uns genau so zerstören wie die verschwindende Ozonschicht. Wir kämpfen an allen Fronten gegen den Tod. Nicht nur besitzen wir Waffen zur Massenvernichtung, wir sind auch international so verbunden, dass Einstellungen, die den Tod fördern, sich global auswirken können. Zynismus und Hoffnungslosigkeit sind auch Waffen der Massenvernichtung.

Es gefiel mir, zwischen Texten, bei denen es um die natürliche und wilde Landschaft geht, von der so wenig auf dem Planeten übrig ist, und solchen, die stärker politisch und zwischenmenschlich sind, hin und her zu wechseln, denn ich glaube, dass diese Welten nicht voneinander zu trennen sind. Auf geheimnisvolle Weise hat der innere Zustand eines Menschen eine Wirkung auf die Welt um diesen Menschen. Umgekehrt ist es ebenso der Fall. Keiner von uns ist eine Insel. In einer Welt Schmerz zuzufügen heißt, Schmerzen in der anderen auszulösen. Und in einer Welt heilend zu wirken heißt, auch in der anderen zu heilen. Ich habe dieses Buch nicht in unterschiedliche Anliegen aufgeteilt, weil es letztlich nur eine Not und eine Lösung gibt. Das Leben in seinen vielen Erscheinungsformen ist gefährdet, und nur die Liebe wird das Leben retten. Durch gerechte Gesetze, faire Friedenserlasse, menschenwürdige Ordnungen und lebensförderliche Regeln können wir viel erreichen, aber am Ende wird nur die Liebe in ihren vielen Formen und Ausdrucksweisen uns einen anhaltenden Frieden geben und den Planeten retten. Und da ist wieder jeder Einzelne gefordert – Liebe ist die Entscheidung zu einer gewissen Haltung, zu einem Lebensstil, bei dem das Leben gefördert wird. Je früher uns dies klar wird, desto besser werden unsere Überlebenschancen sein. Und je mehr die Zahl derer wächst, die dies glauben, desto eher erreichen wir die „kritische Masse", durch die die Veränderung des Bewusstseins eintritt und in Handlungen ihren Ausdruck findet. Es mag durch einen Ausdruck, durch ein Bild, eine Einsicht, ein Gebet, eine Beobachtung, eine Wahl, eine Entscheidung geschehen. Das ist die Botschaft dieser Texte und Fotografien. So einfach und doch so komplex.

Dies ist kein Buch mit Rezepten. Es enthält keine genauen Beschreibungen, wie die Welt zu retten ist. Ökologen und Futurologen haben bessere Bücher über die fassbare Welt geschrieben, als ich es je tun kann. Dies ist ein Buch über Einstellungen, über den inneren Raum, über spirituelle Offenheit, über eine Empfindsamkeit und Sensibilität, die zu der Herzensveränderung führt, die wir brauchen. Dies ist der Beitrag eines Dichters und Fotografen.

Schon lange träume ich von dem neuen Menschen. Ich stelle mir diesen Menschen als wahrhaft bewusst und liebend vor. Schaffen wir es, solche Menschen zu werden?

Ulrich Schaffer
Gibsons, British Columbia

It felt best to move back and forth between the texts that articulate my concern for the natural and wild landscape, of which so little is left on this planet, and texts that are more political or interpersonal, because these worlds can and should not be separated from each other. I believe that in a mysterious way a person´s inner state has direct bearing on the world around that person and vice versa. We are truly not islands. To cause pain in one world, is to ultimately cause pain in the other and to heal one, is to heal the other. I have not divided the book into sections, separating these concerns, because to me there is only one concern and one solution. Life in its many forms is threatened and only love can ultimately save this threatened life. Just laws, fair peace decrees, humane rules and life-promoting regulations, can accomplish much – but in the end only love in its many forms and expressions will give us a lasting peace and save the planet. And that is where the individual in called upon – love is the decision for a certain attitude, for a lifestyle that truly promotes life. The sooner we realize this, the better our chance of survival becomes. And the more the number of those who believe in this grows, the sooner we will reach a „critical mass" and the shift in our awareness will happen and be translated into action. It may happen through a phrase, an image, an insight, a prayer, an observation, a choice, a decision. That is the message of the texts and photographs of this book. It is that simple and yet that complex.

This is not a book of recipes. It does not contain specifics of how to save the world. Ecologists and futurologists have written better books about the tangible world than I ever can. This is a book about attitudes, about inner space, spiritual openness, and a sensitivity and sensibility that will lead toward the change of heart that we need. This is a poet´s and a photographer´s contribution.

I have dreamt for a long time about the new man and the new woman. I imagine this new person to be truly aware and loving. Will we be able to become such people?

Ulrich Schaffer
Gibsons, British Columbia

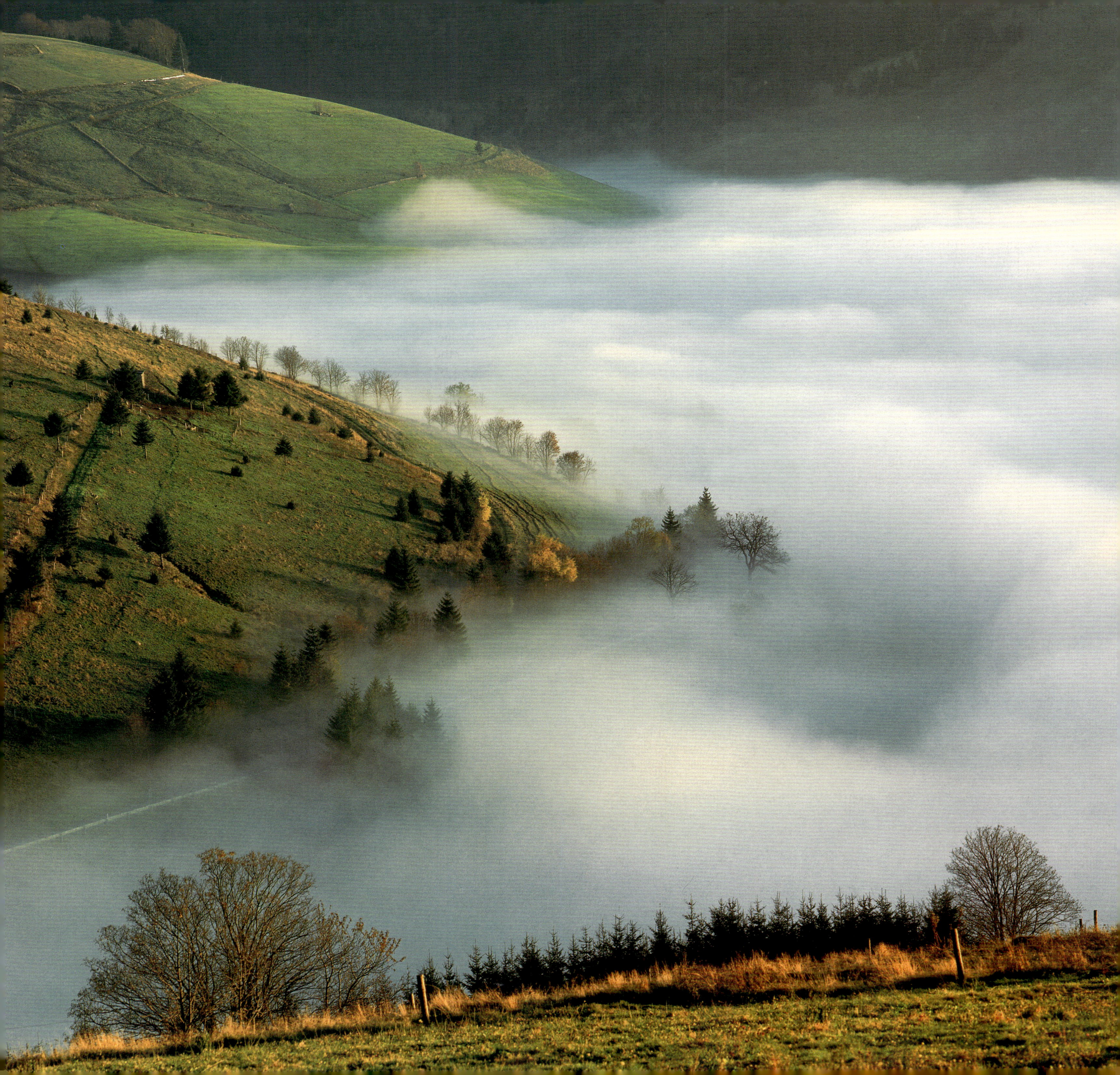

Ulrich Schaffer

wurde 1942 in Pommern geboren, floh nach dem Ende des Krieges in den Westen und wanderte 1953 mit seiner Familie nach Kanada aus. Er wuchs im Norden von British Columbia auf, zog mit 18 Jahren nach Vancouver, studierte dort und in Hamburg Anglistik und Germanistik und unterrichte 10 Jahre lang an einem College. Seit 1981 ist er freiberuflich Schriftsteller und Fotograf. In eigenen Büchern und Heften hat er bisher über tausend Bilder veröffentlicht und die Gesamtauflage seiner Bücher beträgt fünf Millionen.
Ulrich Schaffer und seine Frau Waltraud Schaffer leben in Gibsons, einem kleinen Ort an der Küste von British Columbia. Sie haben zwei erwachsene Töchter.
„Ich fotografiere hauptsächlich mit einer Hasselblad mit Zeiss-Objektiven in den Brennweiten von 50, 80, 120 und 180 mm, sowie mit der Hasselblad SWC, der Weitwinkel-Kamera, mit ihrem 38 mm Biogon. Für die Doppelseiten habe ich eine Linhof Technorama 612 gebraucht. Als Film verwende ich fast ausschließlich Fuji Velvia. Der Film gibt die Farben so wieder, wie ich sie in der Landschaft sehe."

was born in 1942 in Germany, fled to the West with his family after the end of the war, and emigrated to Canada in 1953. He grew up in the north of British Columbia, moved to Vancouver at 18. There and in Hamburg he studied German and English literature and then taught for10 years at a college near Vancouver. In 1981 he left his teaching position to write and photograph full-time. He has published over a thousand photographs in his own books. His books have sold more than five million copies.
Ulrich Schaffer and and his wife Waltraud Schaffer live in Gibsons, a small coastal community in British Columbia. They have two adult daughters.
"I photograph mainly with a Hasselblad with Zeiss lenses in focal lengths of 50, 80 120, and 180 mm, as well as with the Hasselbald SWC, the wide-angle camera with its 38 mm Biogon. The double-page spreads were shot with a Linhof Technorama 612. As film material I use Fuji Velvia amost exclusively. This film gives me the colors as I see them in the landscape."

Inhalt		Contents
Die heilige Erde	5	The sacred earth
Unmittelbar vor uns	7	Right in front of us
Alle Grenzen entstehen im Herzen	8	All boundaries originate in the heart
Die Welt bittet uns nicht	10	The world is not asking us any longer
Den einen Satz	12	That one sentence
Wunder	16	Miracles
Imperative	18	Imperatives
Die Börse wird uns nicht retten	20	The stock market will not save us
Hintergrund	22	Background
Wenn Steine sprechen	24	When stones speak
Was wir sein werden	26	What we will be
Ewiges Leben	28	Eternal life
Dir zu begegnen	32	Meeting you
Innen	34	Inside
Unser Universum	36	Our universe
Lebendig	38	Alive
Die Wildheit der Suche	40	The wildness of the search
Stell dir vor	42	Imagine
Verbindungen	44	Connections
Staunen	48	To marvel
Unsere eigene Geschichte	50	Our own story
Gewebe der Welt	52	Fabric of the world
Du, weit weg	54	You, far away
Im Wald stehen	56	Standing in a forest
Wir sind die Erde	58	We are the earth
Seele	60	Soul
Niemand ist eine Insel	64	No one is an island
Was du heilst	66	What you heal
Heimliche Alchemie	68	Secret alchemy
Du bist ein Träumer	70	You are a dreamer
Unsere Fantasie	72	Our imagination
Hoffnung	74	Hope
Mit meinem auberginenvioletten Mut	76	With my egg-plant-purple courage
Die Welt beginnt in uns	80	The world begins in us
Ich träume den großen Traum	82	I am dreaming the great dream
Leicht wie Luft	84	Light as air
Ein Schlüssel	86	A key
Schöne Ernsthaftigkeit	88	The beauty of seriousness
Der Ruf an uns	90	The call to us
Eine besondere Frucht	92	A special fruit
Ohne Worte	96	Without words
Lasst uns so leben	98	Let´s live
Am Ende wird es die Liebe sein	100	In the end it will be love
Anmerkungen zu den Fotografien	103	Notes on the Photographs
Schreiben, Fotografieren und die Welt retten	106	Writing, photographing and saving the world